勇气教养法

[日] 原田绫子 著

陈怡萍 译

浙江人民出版社

只 为 优 质 阅 读

序言

　　我在某天早高峰乘地铁的时候，遇到这样一件事。

　　当时车厢里十分拥挤，挤得我动都动不了，感觉憋闷极了。就在这时，传来了地铁广播的声音：

　　"感谢您今日乘坐本次列车。现在车厢内非常拥挤，抱歉，给各位乘客添麻烦了。"

　　听完这段广播，我心想，这种情况倒也没必要让司机先生来道歉吧。但是听了这些话，我就感觉自己好像得到了其他人的理解，心情确实变得轻松了一点儿。

等到了终点站池袋站的时候，广播里又传来这样的声音：

"前方到站池袋站。请各位乘客路上小心。"

"请路上小心"，光是这样一句话，就能令人打起精神来呢。

下车之后，我转乘上了 JR（Japan Railways，日本铁路）列车。在 JR 上听到了这样一段广播："本站有下车的乘客，请提前做好准备，移动时注意关照周围乘客，不要拥挤。感谢您乘坐本次列车。"

哇，连 JR 上都能听到给予人勇气的话语啊，真是让人开心。工作人员认真负责，使列车准时准点，安全运行，还不忘向乘客表示感谢，这样的态度真是太棒了。

通勤高峰的车厢满满当当，人在里面虽然有点难受，但像这样收到列车司机的广播寄语，让我突然像受到了鼓励一般，心情也变舒畅了。

没错，这就是"给予勇气"的一种形式。

我想向各位养育孩子的家长传达的，就叫作"勇气教养法"。

人们常说，想要让孩子不断成长进步，就要赞扬孩子。因此，我们作为父母，会为了赞扬孩子而寻找孩子身上值得赞扬的地方。

但是，通常父母会赞扬孩子，都是因为发生了什么特别的事。

举几个例子：孩子考试考了100分，父母就会表扬一句"真棒！"孩子游泳考级测试通过了，父母会夸奖一句"好厉害呀！"孩子主动帮忙擦桌子，父母就会顺口表扬"真是好孩子！"

"好厉害！""真棒！""好孩子！""表现真不错！""了不起！"——孩子一旦完成什么事情，父母一般都不会吝于给出这样的赞美。

赞扬孩子是很重要的。但是，如果只是赞扬，你觉得情况会怎样呢？实际上，在养育孩子的过程中，如果只是充斥着赞美，是会产生副作用的（我会在后面的内容中告诉大家）。

对于这种副作用，我的应对方法是"给予勇气"。也就是说，不管是孩子完成了什么事情的时候，哪怕只是做了理所当然的事，或者遭遇了失败，任何情况下，父母都能向孩子表达的话语。

上面我刚提到的电车的例子就是这样的道理。电车广播里司机所说的短短几句话，并不会令乘客们感到被赞扬了，而是会感到心情愉悦。"父母一直在看着你哦""我知道你很努力""我会一直为你加油的"，只要能向孩子传递这样的信息，他们的心中就一定会充满勇气的力量，然后下定决心继续加油。我所说的"给予勇气"的话语，就是这种能让人感到开心的话。

妻子平时要料理许多事情，育儿、做饭、打扫、洗衣服、晒被子、外出采购，等等。但是很少受到赞扬。

受到赞扬也许确实会让人感到高兴，可如果是以下情况，作为妻子感觉如何呢？

丈夫一回到家就对妻子说："你每天都要做饭，真了不起呢。""今天打扫过屋子了吗？好棒啊。"妻子会有什么感受呢？是不是总觉得哪里不太对劲呢？

我想，一定会有人认为这样的赞扬方式就像是被人居高临下对待一般，觉得挺讨厌的吧？

那么，如果丈夫说："谢谢你一直以来给我做好吃的饭菜。""今天打扫过了吗？真干净啊，看着就舒服。"妻子又会感觉如何？是不是会有一点点开心呢？不，我想妻子一定会感到非常开心吧。

一个人心情好了，就会想要更加努力。这就是"给予勇气"的魔力。

我叫原田绫子，为各位养育孩子的父母传达"勇气教养法"这一理念。谢谢你愿意阅读这本书！

我原先在公立小学当老师，离职后开始开设育儿讲座、举办演讲活动。而我本身就是一个母亲，有两个女儿，一个是小学生，另一个还在上幼儿园。

所以我自己就是一个处于育儿过程中的母亲。作为母亲，我非常理解所有养育孩子的其他母亲的想法。在日常工作和生活中，我都在为她们加油打气。

我在学校的经历，自身的育儿经验，在与许多母亲面谈的过程中所了解到的、体会到的事情，以及如何提高孩子的自信和干劲的秘诀，都写在了这本书里。

我知道许多母亲读过不少育儿主题的书籍，但是无法按照书里所写的方法去行动，因此，时常会产生这样的疑问：

"书里写的我都不会，我是不是个没用的母亲？"

"虽然我自己脑子里清楚应该怎么做，但真的做起来可没那么简单呀。"

接着就开始自责，甚至徒伤自信心。像这样追求理想状态而不胜苦恼的母亲大有人在。

因此我就想，自己是不是可以出一本育儿书，让天天奋斗在育儿前线的母亲转变观念，从而产生这样的想法：

"啊，原来我只要做自己就可以了。"

"看完这本书，感觉心里轻松多了。"

"勇气教养法，我也想亲自实践看看！只要在力所能及的范围内试试看就行！"

"看来一直为教育孩子而努力的我，还是挺厉害的嘛。"

"我要对自己好一些。"

每当我在日常工作中，从参加我讲座的听众、找我咨询的客户那里收到许多母亲的反馈时，比如，她们会说"我的育儿烦恼解决了""现在教育孩子也变成一件开心的事情""现在我都不用发脾气，孩子就能主动做好自己的事了""我们夫妻关系变好了""我自己也觉得有精气神了""我开始变得喜欢自己了"，我都会感到，不光可以从孩子身上看到无限的可能性，母亲身上也具有无限的可能，她们全都是了不起的人。

至今为止，我见证过许多亲子关系的奇迹。正是因为有了这些经历，我才有自信说出这样的话。

即使你因为孩子的事情感到烦恼，也一定会有解决方法的。这份烦恼，正是亲子共同成长的礼物。

有时候，孩子一旦做了什么令父母感到难办的事情，作为父母就会经常想："我一定要想办法让孩子改过来。"但是，光这样做，孩子并不一定就会顺大人的心。

母子连心。

我们在教育孩子的同时，也在教育自己。

正如我们看着孩子那样，实际上，我们也在向孩子展示大人们的样子。

我经常说这样一句话："孩子都是宝物，养育孩子的父母也是宝物。"只要父母觉得自己很棒，去做最能令自己骄傲闪耀的事情，那么孩子也能找到令他们自己闪闪发光的事情来做。

因此，这本书里的内容，不光有关心孩子、发展孩子能力的方法，还涉及调整父母的心理状态，让父母拥有自信、生活更熠熠生辉的方法，等等。本书是一本我自创风格的育儿图书，为了更好地帮助父母育儿，我提出了"勇气教养法"。

如果各位父母看完这本书而获得勇气，学到一点享受平日育儿生活、自我教育的诀窍方法，于我便是一大幸事。

※ 本书中列举的事例，是我对平时经常接触到的各种案例的汇编。

目 录

第一章

勇气教养法，到底是什么

第二章

给予孩子勇气时的重要心态

第三章

解决教养的困扰！给予孩子勇气的秘诀

第四章

母子连心

第五章

用勇气的能量填满妈妈的心

第一章

勇气教养法，
到底是什么

在本章中，

我会说明一些能令孩子拥有自信和干劲的勇气教养法的内容，

还会列举出许多勇气教养法的用语实例，

供各位参考。

没自信的孩子越来越多

大家觉得，养育孩子最重要的事情是什么呢？我认为，最重要的是让孩子在 12 岁之前明白自己是有能力的人。

也就是说，要令孩子拥有自信。所谓"自信"，就是相信自己的能力和价值。

"我身上具备无限的可能性。""我拥有行动力、克服困难的能力和达到目标的实力。"像这样相信自己能力的孩子，能够发挥出天生的才能，并且可以一直获取进步。

相反，一旦孩子产生如"我只会做这么一点点。""我肯定不行的。""我真的能做到吗？"等类似的想法，等于是在心中认定自己能力有限，从而就不能发挥出自己原本的能力。

自信就是认为"自己一定行"！但同时，我觉得一个人认为"自己失败了也没关系！我可以接着挑战很多次，之后一定会顺利的"，这也是一种自信。

虽然认定自己绝对做得到的想法很重要，但是同样重要的是，能够拥有不惧失败、不断挑战的勇气。

我希望孩子们都可以勇于挑战，通过自己的力量而获得成功。

在这过程中，有时也可以与伙伴互相帮助，去经历失败的滋味，也享受成功的喜悦，感受各种各样的情感，体会达到目标的成就感。希望孩子们用自己的头脑去思考、行动，从而增加自信。

但是如今，缺乏自信的孩子越来越多。

根据日本青少年研究所的调查，在针对日本高中生进行的名为"我觉得我是有价值的人"的项目中，只有 7.5% 的学生回答"完全符合"，若加上回答"比较符合"的学生人数，做出肯定回答的学生也只有 36.1%。也就是说，六成以上的高中生缺乏自信。①

　　那么，如何才能培养出拥有自信和干劲、愿意进行各种挑战的孩子呢？

---

① 日本青少年研究所主持的"高中生身心健康调查：比较日本、美国等国"调查项目（2011 年）。

从"赞美教养"
转换成"勇气教养"

　　无论是谁，受到赞美都会很高兴。比起被人责备、惹人生气、被他人指出自己不擅长的方面，受到赞美才会使自己产生"我要继续努力""要加油哦"的想法吧？养育孩子也是如此，通过赞美孩子，可以把孩子身上好的地方引导出来。

　　我以前教书的时候，就会注意找出每个孩子身上优秀的地方，然后大加赞美。结果，孩子们都变得干劲十足，越来越积极地参加活动。

但是，后来我慢慢对自己这种赞美的举动产生了疑问。过去曾发生这样一件事。

孩子们知道我会赞扬那些主动捡起教室里的垃圾的孩子之后，其他孩子也会开始主动捡垃圾了。有的孩子捡完，会和我搭话："老师，我捡了垃圾哦。"有的孩子还会观察我的眼色去捡。

有一天，我因为出差，一整天都没在学校。当天孩子们放学回家之后，我出差回来，跑到教室一看，发现地板上到处都是垃圾。

也就是说，当时这些孩子只是为了得到表扬、听到赞美的话，才主动捡垃圾的。

我这才恍然大悟，原来孩子们并不是为了环境卫生而自发地捡垃圾，而是为了受到赞扬，被动地捡垃圾。

我再举一个例子吧。以前我会给做完汉字练习题的孩子的作业本上贴标签。

有一天，标签用完了，我就对没贴到标签的孩子说："对不起哦，今天老师标签用完了，不能给你们贴了。"没想到，竟然有孩子回答我："那我以后不想做汉字练习了。"

没错，说这句话的孩子，就是为了得到我的标签，即为了

为了受到赞美，才会主动捡垃圾

赞美捡了垃圾的学生

所有人都开始捡垃圾

总是给予赞美

为了受到赞美，而去捡垃圾

一旦赞美自己的人不在了，
就不会主动捡垃圾

得到一种"表扬"才做练习作业的。

于是，我开始对"赞美教养"这件事产生了疑问。接下来的每一天我都绞尽脑汁，思考怎么做才能让孩子拥有真正的"干劲"。我采取的方法，便是"勇气教养"。

"勇气教养"，大家是不是之前很少听到过这个词呢？

"勇气"是指"克服困难的能力"，那么"勇气教养"就是"给予克服困难的能力"。

虽然是"给予"，但并不是从外界补充孩子身上本来没有的东西的意思。

相反，勇气是孩子天生具备的素质，通过采取不同的方法，大人就可以将孩子的勇气引导出来。

本书中，我把"赞美教养"定义为给孩子好评，比如，对孩子说"你成功了呢""真棒""真是好孩子"等，采用"你……"的句式。

相应地，"勇气教养"就是指关心孩子的心情，与孩子产生共鸣。

具体来说，当孩子帮父母做了什么事情的时候，父母不只是给予孩子一些表扬的话，比如，夸他们"真是好孩子""了不起""做得很棒呢""真聪明"，而是向孩子传达作为大人的谢意，比如，可以说"谢谢""你帮大忙了""妈妈 / 爸爸很开心"等。

"谢谢"" 你这么做让我很开心""帮我大忙了"——孩子如果从父母口中听到这样的话，不仅自己心情会很好，也会明白自己的举动使父母变得很开心。如此一来，即便是在没人看见的地方，没有人说表扬的话，孩子也会主动采取让别人感到开心的行动。

"赞美教养"和"勇气教养"这两种方法，可能有些相似之处。但是我觉得，孩子会不会主动采取让别人感到开心的行动，是这两种方法最根本的差别。

赞美教养

给孩子好评

用语实例

真了不起!
好孩子!
真聪明啊!

勇气教养

关心孩子的心情,
与孩子产生共鸣

用语实例

谢谢!
你这么做让我很开心!
帮我大忙了!

光是赞美，
会有副作用

　　赞美孩子非常重要，但如果只有赞美，当你突然不这样做的时候，孩子就不会行动了。这一点我在之前就和大家提过。也就是说，光是赞美，会有副作用。

　　光是赞美孩子，孩子容易出现以下情况。

● 没受到赞美就不行动

　　当身边有人赞美自己的时候，就会采取行动，但是一旦赞美的人不在了，就不会做出适当的行动了。这样的孩子会"见机行事"，不会自觉产生"下次也要这么做"的意愿。

● 奖励要求不断升级

如果之前家长和孩子说过："你要是乖乖待在家，我就给你买糖果哦。"然后每次孩子完成任务，家长都给他们买糖果，孩子慢慢就不会只满足于收到糖果奖励了，也许就会开始要求玩具、游戏机等价格更高的东西。而且，一旦得不到奖励，可能还会生气。

● 失去自信

孩子越是受到周围人赞美，越是在意周围人的评价，有时会懂得看大人们的脸色行事，一直扮演乖孩子。这样一来，孩子就会变得无法认同自己原本的样子，从此失去自信。

● 变得害怕失败

每次孩子完成一件事情之后，总是会听到赞美自己的话。如果一直是这样的情况，孩子就会认为"我能做成事情就是好孩子""我完不成任务就是不好的孩子"，以后甚至会出现害怕失败而不愿意主动挑战新事物的状况。

因此，有的孩子只会做有把握的事，对于没把握的，他们从一开始便会放弃。要么一个劲儿地干，要么完全不干——有可能会出现二选一的极端情况。

● 变成总是等待别人指示的孩子

如果孩子只是一味地受到赞美，就不会去思考自己想怎么做，而是会过分在意大人的看法。这样一来，孩子更容易盲目遵从大人的命令。也就是说，孩子会变得无法独立思考和行动了。

而且，因为孩子没有按照自主意愿，而是听从他人的指示，所以一旦事情进展得不顺利，孩子就更容易怪罪他人。

正在读这本书的各位家长，也许你们身上就发生过以下状况。

▶ 你总是去赞美孩子，于是孩子经常会说"妈妈，我很厉害吧？""爸爸，我很棒吧！"之类的话，像这样为了继续受到赞美，向父母邀功。

▶ 孩子没有信心自发地行动，无论做什么，总是会看大人眼色，像是在和父母确认："我这样可以吗？"

如果你和孩子的相处也是如此，或许就会切身感受到光是赞美孩子的教育方式所产生的副作用吧。

但是，请各位放心！即使你之前只会赞美孩子这一种方式，也不用太担心，赞美孩子本身不是什么坏事。今后只要升级到"勇气教养"，就没问题了。

而且，孩子到 2 ~ 3 岁，家长多说一些表扬的话，比如，"好厉害呀！""真棒！""真是好孩子"，也没什么问题。这段时间，家长不用过于疑虑是不是该采用勇气教养法。

孩子过了这个年纪，自我意识萌芽，开始变得在意他人。这时候开始，我建议各位家长应该慢慢地从赞美教养调整到勇气教养上来。

勇气教养法，不光能让孩子得到成长，父母也会更加有活力，心情更愉快。那么接下来，让我们一点点学起来吧。

如果大家有觉得还不错的地方，还请在自己教育孩子的时候多多实践哦。

何谓"打击勇气"
教养法

家长打击到孩子干劲的举动，比如，贬低、批评、表达厌恶、发火等，都是会浇灭孩子积极性的行为。这就是"打击勇气"。

关于"打击勇气"的举动，具体可分为以下几种类型。

● 惩罚孩子（搬出理由来威吓）

"考试分数那么低，不许打游戏了！"

● 对孩子发火（怒喝）

"喂！不是跟你说了赶紧收拾吗！干吗不收拾？"

● 孩子做作业时插嘴（过度干涉）

"这里写得不对吧？拿来给我看看。"（然后大人把孩子写在本子上的字擦掉了）

● 明明是孩子的问题，父母却要亲自善后（溺爱）

"我不是跟你说了，脏衣服脱下来要放进洗衣篓里吗？！"（母亲一边发火，一边亲手把孩子的衣服放进洗衣篓）

● 同样一件事，反复唠叨

"你在好好学习吗？真是的，每次都要我说了你才做！"

以上这些全都是"打击勇气"的行为。

但凡是会让孩子丧失干劲、剥夺孩子学习机会、不尊重孩子独立人格的言行，都属于"打击勇气"。

"这就是我平时会对孩子说的话呀！""我好像确实每天都会说这些。"也许各位中间就有这样的家长吧。但是没关系，从今天开始慢慢改掉这个习惯吧！

请各位家长换位思考一下，如果我们总是被别人说："打扫卫生再认真一点！""不是跟你说了，你做的菜味道太淡了！要说几遍才懂啊？"是不是就会失去动力了呀？

　　想要调动孩子的积极性，作为家长，不应该"打击勇气"，而是应该说出"给予勇气"的话语。

"赞美"
"给予勇气"
"打击勇气"
的差别

　　表扬孩子是非常重要的，但由于表扬的话意味着"赞美"，光是一味地赞美，会产生副作用。有的父母可能会矫枉过正，觉得"如果不能赞美孩子，那我应该和孩子说什么话呢……"只要不陷入这种神经质的想法里就行了。

　　比起一点都不赞美孩子，还是给予赞美更好。但是，不能只是一味地赞美，被给予了勇气的孩子才会成长起来。

表扬就是赞美。不只是给孩子物质奖励，表扬的话也是一种赞美。

所谓给予勇气，就是给予孩子克服困难的力量。简单来说，就是给予孩子自信心，使孩子拥有想亲自尝试某件事的勇气，调动起孩子的干劲。

那么，赞美、给予勇气和打击勇气，三者之间具有哪些差别呢？

举个例子：孩子帮你洗了碗，你会和孩子说什么？

❶ 哇！真棒！了不起！

❷ 好能干呀。帮妈妈把这个也洗了吧，洗完给你吃点心哦。

❸ 哎呀，挺难得啊！明天要是也来帮妈妈洗碗就更好了。

❹ 谢谢你，帮妈妈大忙了。

我们来分析一下。第 1 句表扬的话就是在赞美孩子；第 2 句是在表扬完孩子之后，提出了交换条件，就像是"贿赂"一样；第 3 句会让孩子听上去有些不舒服，打击孩子勇气；第 4 句就是标准的"给予勇气"时该说的话。

对于孩子的行动，要在语言上表示感谢。也许你会觉得光这样有点不够，但是这么做起码能让孩子觉得自己帮到别人了，从而感到很高兴。这才是"给予勇气"的正确方式。

我再来举一些关于"赞美""给予勇气"和"打击勇气"的差别的例子吧。

孩子帮你把房间打扫干净了

打击勇气 啊呀，挺难得啊！我看你能坚持多久。

赞美 你能帮妈妈打扫真棒！不愧是我的孩子！

给予勇气 房间变干净了，心情也变得更好了，谢谢你。

孩子考试考了 100 分

打击勇气 你看你只要努力就能做到呀！以后也要继续努力哦！

这么简单的考试，考高分是应该的。

赞美 挺厉害嘛！不愧是我的孩子！

给予勇气 考了 100 分，你看上去挺开心呀。妈妈也很开心哦。

孩子帮忙看家

打击勇气 连看个家都做不好可不行哦。

赞美 好孩子！

给予勇气 你来看家，真是帮妈妈大忙了。谢谢。

怎么样？感觉出了有什么不同？

勇气教养法教育出来的孩子，拥有自信，遇到困难能够迎难而上。而且，就算遭遇挫折、心情低落，也能凭自己的力量重新站起来。勇气教养法不仅能教会孩子独立思考、判断和行动，还能培养孩子丰富的内心，使孩子变得更加聪明。另外，也能使孩子拥有因为帮助他人而收获的喜悦（感到有所贡献）。由于被给予了勇气，这样的孩子也能给予周围人勇气。

相反，只是一味受到赞美的孩子，因为会以别人的评价作为标准，所以会失去自信，遇到困难却无法勇敢面对。

被打击勇气的孩子，因为自己被他人批评、被人指摘甚至受到惩罚，就会失去干劲，再也不会自主地采取积极行动了。另外，对于打击自己的人，也不会尊敬和信赖，而是会反抗和攻击，因此，双方的关系越来越恶化。

被给予勇气的孩子

拥有自信

能够独立做判断、采取行动

感受到因帮助他人而收获的喜悦

只是受到赞美的孩子

在意周围人的眼光

没有自信

害怕失败，迟迟不敢行动

被打击勇气的孩子

失去干劲

不能积极采取行动

有反抗和攻击的行为

试着关注
"理所当然的事"

作为母亲，每天都忙于做家务和教育孩子，似乎被认为是理所当然的，因此，很少会受人感谢吧。

"谢谢你总是给我们做好吃的饭菜。"

"我们每天都能睡在温暖的被窝里，都是你的功劳呀。"

如果丈夫对妻子说了以上这些话，想必妻子会觉得很开心吧？然后就会想："明天开始我还要继续努力！"

而且，对于向自己温柔地嘘寒问暖的丈夫，夫妻关系似乎也会变得更融洽呢。

　　父母和孩子的相处是同样的道理。

　　比如，每天看到孩子要出门去上学以及放学回家的时候，不要像平时一样不理不睬，可以对孩子说些这样的话：

　　"看你每天都按时去上学，妈妈很开心哦。"

　　"走好哦！今天也要度过愉快的一天！"

　　"欢迎回来！今天上学一天辛苦咯！"

　　每天看到孩子津津有味地吃你做的饭时，可以这样对孩子说：

　　"谢谢你吃妈妈做的饭菜，吃得这么津津有味！"

　　"爸爸很开心呀！"

　　当看到孩子在写作业时，就可以这样对孩子说：

　　"你学习这么自觉，妈妈好感动呀。"

　　孩子如果听到父母说这样的话，应该会非常开心的。

　　像这样受到"勇气教育"的孩子，平时就会有这样的想法：

　　"看来妈妈一直在关心我呢。"

　　"我想谢谢妈妈，最喜欢妈妈了！"

　　被关注到原本是理所当然的行动，平时就被给予勇气的孩

子，自然也就没有必要故意去做让父母在意、担心的举动，来引起他们的注意。

如果平时得不到父母的关心，孩子就会故意做出一些让父母困扰的行为，想要吸引他们的关注。

这样的孩子以激怒大人的方式，来确认自己是否有受到父母的关注，通过让大人生气，确认自己是被父母所爱着，由此来使自己安心。

无论多么调皮捣蛋的孩子，总不可能 24 小时都在惹大人生气吧？父母可以尝试多关注孩子日常生活中再普通不过的"理所当然的事"，比如，孩子早上按时起床、吃饭、洗澡，等等，以此给予孩子勇气。

我在讲座等场合提出这些建议的时候，有的听众会说："我之前对孩子一直挺严厉的，还能进行勇气教养吗？"请放心，习惯成自然。通过反复练习，一定可以做到的。

有的母亲突然对孩子进行这样的勇气教养，孩子会感到奇怪："妈妈，你怎么了？"我有一个建议，那就是可以预先和孩子报备一下："妈妈想从今天开始多从家人身上找到好的地方哦！"

想要给予孩子勇气，有一点也很重要：指出孩子做得好的

地方。具体做法是，不要总是去数落孩子做得不好的地方，而是不仅要去找到孩子的优点，还要关注孩子平日里理所当然在做的并且顺利完成的事情，然后口头表达出来。

一个人对于自己受到他人关注的行动，会更频繁地去做。 因此，父母如果想让孩子变得更好，就不要总去批评孩子不好的地方，要多多赞美孩子做得好的事情。

让孩子获得进步的最重要的一点，就是向孩子传递这样的信息："父母一直在关注你哦！""父母是你的伙伴，你的朋友哦。""父母会一直为你加油的！"

哪怕不以口头形式向孩子说一些特别的鼓励话，只要孩子了解到父母一直在给自己支持、关注着自己，让他们感到安心就可以了！ 请各位家长大胆一试，孩子一定会变得越来越积极主动！

勇气专栏 ①

心灵的安放基地

前几天，我和孩子们去公园时，发生了这样一件事。

孩子们在公园里把鞋子和袜子都脱了，在广阔的草坪上跑来跑去。看着两姐妹活泼玩耍的样子，也让我充满了活力。

孩子们尽情玩耍的时候，时不时会跑到我身边，手里拿一片叶子给我看，说："妈妈你看！"或者特意跑过来跟我报告："妈妈，这个游戏好好玩啊！"

小孩子就是这样。经常玩着玩着，就跑回爸爸妈妈身边。

父母的怀抱就是孩子心灵的安放基地。回到安心基地，就能给自己充电。然后孩子接着出发，奔向外面的世界。

"爸爸妈妈一直在守护着你、支持着你哦。我们是你最好的朋友！"

父母向孩子传达这样的信息，可以让孩子获得足够多的认同。多多和孩子交流，给予他们勇气吧。作为家长，肯定想在孩子的心里撒上"勇气的种子"吧？

将来有一天，孩子即便不再总是跑回父母身边，他们也能独自展翅翱翔。请给予孩子力量吧，让他们无论以后遇到什么困难，都有跨越过去的勇气。

心灵有个安放基地，这是获得"自信"和"干劲"的基础。因此，使家庭成为孩子的安心基地，这是十分重要的。

换个角度，
负能成正

在我开设的育儿讲座上有一个练习，是让母亲列举出孩子的优点。每次到这一环节，有些参与者会发现一些让她们苦笑的事实："比起优点，我好像更容易看到孩子的缺点啊。"

"感觉我找不到孩子什么优点！这样下去，也就不能对孩子进行赞美了吧。"

请别担心，这个现象是很正常的。因为人就是比较容易看到别人身上的不足之处。

一个人的优缺点，如同硬币的正反面。让我们把缺点变成优点，将负面思考变成正向积极的想法吧。

这种改变看待事物角度的做法，叫作 reframing（重构法）。对事物的正向思考，会产生正向的语言，从而改变自己和孩子的行动。

以前我当班主任的班级里，有一个行为比较暴力的男生，他遇到一点小事就会发脾气，然后扔椅子、破坏公物。

当然了，作为老师，学生出现危险行为的时候，我肯定会严厉批评。那时，这个男生对我说了这么一句话："老师，我总是惹人生气，就是个废物吧。"

我是怎么回答他的呢？

"真是这样吗？老师知道你身上有很多优点哦（然后直接列举出他的一些优点）。虽然你有时给人感觉确实有点乱发脾气，但也是因为你很有活力啊！总之，不能做危险的事。要试着把你身上的能量用在正道上哦！现在的你，只是偶尔会在不太好的地方使力罢了。"

听我这么一说，他开始有了变化。

休息时间，他会主动问我："老师，您有需要我帮忙做的事情吗？"真是个可爱的孩子呀，他有一颗温柔的心，之前只是因为某些原因，没有发挥出来而已。

只要你改变对待孩子的方式，孩子就会发生变化。这个男生从此以后渐渐不再乱发脾气了，而是成了班级里的"领头羊"。

孩子原本就会渴望得到更好的成长。他们身上本就拥有足够的动力。而是否能把这股力量引导出来，关键在于大人如何对待他们。

我充分信任那个男生。孩子们也让我明白，时刻胸怀勇气是很重要的。

以下缺点可以这样来改换说法。

缺点转述为优点的例子

缺点	优点
消极	有自控力，重视身边大人的想法
蛮横无理	意志坚强
吵闹	活泼、有元气
过于悠闲	不拘小节，有自己的节奏
太老实	稳重，善于倾听
固执	自主意识强、有信念感
过于在乎周围人的眼光	周到，会关心人
爱生气	情感丰富、有热情
优柔寡断	思虑缜密
任性	有强烈的自我主张
爱开玩笑、搞恶作剧	会逗乐身边的人
斤斤计较	重视自己的想法，有上进心
邋遢	大方、不拘小节
爱哭鬼	情感丰富
怕生	小心谨慎
不爱说话	性格稳重，懂得倾听
叛逆	有自立精神

自从我这样重构视角之后，思考事物开始变得更加灵活，每天都过得很快乐。现在的我，可以称得上是重构法的达人了。

练习重构视角，父母就会更容易关注到孩子的优点而非缺点，不再会给孩子贴标签，而是能够引导出孩子身上的潜能。

比如，你在忙着做晚餐的时候，孩子突然跑来找你说："妈妈，我们玩吧！"这时候，你该怎么办？如果孩子一直在旁边转来转去，你也会觉得很烦躁吧？但这种时候，正是大人重构视角的好机会！

"我最喜欢妈妈了！所以我要和妈妈玩嘛！我要和妈妈一直待在一块儿！"

如果像上面我所说的那样理解孩子缠着你、要你陪他们玩的要求，是不是就会觉得孩子特别可爱呢？

将重构视角想象成一个叫作"孩子小心思翻译机"的机器，也许就可以轻松对待了。

再比如，以前来听我讲座的听众曾跟我说："前几天，我对我家正处于青春期的儿子说：'上补习班辛苦了。'结果他竟然骂我：'真是啰唆，大妈。'他这样的反应真是吓到我了……"

将孩子会让你困扰的言行，
用"孩子小心思翻译机"翻译一下！

　　"真是啰唆，大妈。"（运用"孩子小心思翻译机"）→

　　"妈妈，我最喜欢你了。但是现在我在青春期，正处于从孩子变成大人过程中比较微妙的阶段。虽然我很想亲近妈妈，和妈妈撒娇，但是现在的我不想被别人干涉，连父母也不太愿意接近。所以我没办法诚实地表达自己的心情，有时候一不小心就会说出无心的话……实际上，妈妈这么关心我，我很开心哦。"

　　想象一下，也许孩子心里真正的想法就是这样的。

只要把孩子说的话用"孩子小心思翻译机"翻译一下，就可以从不同的角度来看待，这样大人也会开始变得能和孩子温柔耐心地交流了。

能给孩子勇气的
话术重点

能给孩子勇气的话，该怎么说呢？我想，如果大人还没有这样的习惯，是很难想到具体该说什么的。想要给予孩子勇气，应该关注哪些方面呢？这里我给大家说明几个要点。

要点 1 关注孩子提供的帮助、做出的贡献

[想要传达的意思]

▶ 多亏了你，帮妈妈大忙了。

▶ 有你帮妈妈，妈妈很开心。

[具体用例]

（向帮你递盘子的孩子说）

→你能帮妈妈递盘子，妈妈很开心。

（向帮你擦桌子的孩子说）

→谢谢你帮我擦桌子。

（向帮你收衣服的孩子说）

→谢谢你替我收衣服，帮妈妈大忙了。

要点 2 重视过程和态度

[想要传达的意思]

▶ 你付出了不少努力呢。

▶ 虽然失败了，但是你很努力呀。

（向考试考了满分的孩子说）

→这次考了满分吗？努力有了回报呢。

（向输了比赛的孩子说）

→虽然比赛输了，但是你努力过了呀。

→虽然比赛输了，但是妈妈可以和你一起想想今后怎么赢回来哦。

要点 3 关注孩子已经完成的事情

[想要传达的意思]

▶ 这部分妈妈觉得你完成得非常棒。

▶ 妈妈觉得你有进步。

[具体用例]

（孩子吃了一口原本并不喜欢吃的鱼）

→虽然是你不爱吃的，但你还是吃了一口，真棒！

（向不擅长数学的孩子说）

→比起以前，答对的题目变多了哦。没错，就按照这样的节奏。

→虽然你不擅长数学，但是也在慢慢进步了。放心吧，妈妈会一直鼓励你的。

要点 4 接受孩子的失败

[想要传达的意思]

失败了也没关系哦。

是挺可惜呢。

接下来怎么办好呢？我们想想办法。

[具体用例]

（向打碎了碗的孩子说）

→没事吧？有受伤吗？

（向在钢琴演奏会上出了错的孩子说）

→人那么多，会紧张吧？虽然弹错了，但你还是坚持弹到了最后呀。

（向上课举手回答问题却答错的孩子说）

→你能鼓起勇气举手发言就很好啊。

（向考试没考好的孩子说）

→真可惜呀。我们一起想想办法，看怎么准备下次的考试吧。

要点 5 不要拿自己孩子和其他孩子比较，而是重视个人的成长

[想要传达的意思]

▶ 比起以前，你一直在进步哦。

[具体用例]

（向遇到挫折而感到沮丧的孩子说）

→没关系，会慢慢学会的。从力所能及的事情做起就行。

→你在慢慢进步哦。妈妈会一直支持你的。

这些要点，不仅可以用来和孩子沟通，也可以在与爱人、友人、同事、下属，甚至与自己交流时灵活运用。

能给予他人勇气的沟通方式，沟通双方的心情都会很舒服，也能在彼此之间产生互相尊重、信赖之感。

举例来说，如果你看到孩子正在做作业，可以问一句："正在写作业呀？"如果看到孩子正在专心打电子游戏，可以搭一句："看上去挺好玩儿的。"像这样，让孩子知道大人有在一旁关

注就好。

　　"我一直在关注你哦。""妈妈觉得和你是朋友呢。"即使说些类似的话也行，不用想得过于严肃。

能给予孩子勇气的话术重点

① 关注孩子提供的帮助、做出的贡献

② 重视过程和态度

3

关注孩子已经完成的事情

4

接受孩子的失败

5

不要拿自己孩子
和其他孩子比较，
而是重视个人的成长

给孩子勇气之前，
先给自己勇气吧

　　以上要点，各位不仅可以用在与孩子的交流上，也可以试着用来给予自己勇气。

　　如果你正处于没有干劲、失去勇气的状态，那么也就很难给予他人勇气。我想作为父母，本身就心有余而力不足了，如果总是对孩子发脾气，会感到很劳累。

　　只要学会自己给予自己勇气，不用依赖他人，就能给自己打气。这样一来，当自己的内心充满勇气，就能顺利地将这份勇气传递给孩子。

以下事项，还请大家在日常生活中多多留意。

● 无论自己处于什么状态，都要自我肯定

你能包容自己的一切，包括所有缺点吗？

世上没有所谓完美的人，因此，也没有完美的父母。

我是一名做育儿讲座的讲师，有时候也会发脾气，感到烦躁，为了一点小事而心情低落。

必须始终保持笑容，成为最厉害的父母——我是不会和大家传达这种理念的，而且我也说不出口。

和孩子一同欢笑、流泪，一起生气、感动……这样多面的自己，大家不觉得很棒吗？

所以，即使你偶尔对孩子发脾气了，也请记得这样自我暗示："没关系，我做得很好了。"

"没办法，偶尔还是会发生这种情况。""我无论如何都能把问题解决！"别忘了给予自己勇气哦。

● 失败是成功之母

遇到失败，任谁都心情不好吧？但是，如果你能像这样思考，情况会如何呢？

所谓失败，说明你已经挑战过了。因为鼓起勇气去行动，才会遇到失败啊。如果什么都不做，连失败都不会遇到……

大家可以尝试这样和自己对话。

"失败是宝藏！"

"失败中蕴藏了成功的机遇！"

"要多接受失败！"

只要不放弃，就不存在真正的失败。希望父母多在背后鼓励孩子哦！

● 重视消极情绪

生活中会发生各种各样的事情，有好事，也有坏事。

心情低落，并不就是坏事。讨厌的心情、悲伤的情绪，都请真实地去感受吧。敞开全身心的细胞，去彻底感受吧！

通过体验自己的消极情绪，可以解放心灵。千万不要束缚自己。

等到内心平静下来之后，再自己慢慢站起来。不要勉强自己，慢慢来，按照自己的节奏就行。

当然了，向其他人诉说自己的心事也无妨。即使和别人说话时挤不出笑容，也没关系。

● 将烦恼转变成机遇

育儿过程中碰到的烦恼，正好可以成为父母自身成长的契机。这是孩子给予你的礼物。

也许你最初不太能这么去理解，但是这些所谓的烦恼，都是孩子发出的重要信息。

父母为孩子的事情感到烦恼，是因为想让孩子变得更好。其中包含了父母对孩子深深的爱。在解决育儿烦恼的过程中，父母自身也能得到进步。

我在做讲座时，会和在场的父母说："育儿过程中的烦恼，就像是钻石原石。其中蕴含着许多让父母变得比现在更幸福的提示。"

另外，育儿以外的各种烦恼，也蕴藏着可以让你更幸福的线索，以及对于现在的你来说最需要的信息。关于这方面的详细内容，我在第 4 章里有写到哦。

● 相信自己

从出生到离世，一直陪伴自己的只有自己啊！

无论什么时候，请成为自己的伙伴吧，自己就是这个世上最好的朋友。

而且，你也要相信自己。就算现在有做不到的事情，也要告诉自己："将来我一定会做成的。"就算现在感到非常烦恼，也要告诉自己："人生中总会遇到这样的时候。但是我一定能掌握解决这个烦恼的能力。"就像这样，给予自己勇气。

能够信赖自己的人，也会开始懂得信赖他人。

为什么说对于自己来讲，给予自己勇气是很重要的呢？因为一个人如何对待自己，就会以同样的方式对待他人。

如果你想要给予孩子勇气，首先要给予自己勇气。

如果父母自身都没有什么勇气，想要给予孩子勇气是肯定做不到的。因此，首先从自己做起。各位父母，请先让自己的内心充满勇气的力量吧！

哪怕是成人，也不存在所谓为时已晚这回事！不如从这一刻开始，尝试给自己勇气，怎么样？

勇气专栏 ❷

天使的耳语、恶魔的耳语

在我做的讲座里，有一个互动活动，叫作"天使的耳语"和"恶魔的耳语"。

"天使的耳语"是指给予自己勇气的话语，"恶魔的耳语"是指打击自己勇气的话语。

首先，我会请各位母亲把眼睛闭起来，接着我就开始"恶魔的耳语"。

"我又和孩子发脾气了，怎么这么没用啊？我干什么都坚持不下去，总是失败，这次又搞砸了，看来我就是不行，反正将来也不会变好……"

一直重复着说这些话之后，让她们睁开眼睛，互相讲述听到这些话时的感受。

母亲们的回答是这样的："这些话真讨厌！我心情一下子就沉重了。""也让我的心情越来越糟！""我自己有时候也会这么想呢！"然后大家气氛热烈，笑成了一片。

接下去，我会对她们这么说："刚才我说那些话才过去不到 30 秒哦。如果继续这样下去，大家心情会一直阴沉沉的，所以下面就开始'天使的耳语'吧！"

然后就是"天使的耳语"时间了！这回，我特意伸直了自己的背，脸也稍微向上抬了抬，嘴角上扬着，将以下这些话说给母亲们听："我做得很好。我每天都会做晚饭。打扫完屋子，心情都变好了！每天做家务我都很努力！我是最棒的！照顾孩子的我很厉害！"

这回母亲们听完，笑得特别开怀，对我说："听着心情真好呀！""让我感觉有了动力！""这些话会让我变得开心。"

据说，一个人一天当中会产生 5 万 ~ 6 万个念头。也就是说，一个人会自言自语无数次。

如果你说的大多是"恶魔的耳语"，就会令孩子不断失去勇气。所以，请大家尽可能多说"天使的耳语"。

恶魔的耳语

我又和孩子发脾气了；我怎么这么没用啊；我干什么都坚持不下去；总是失败；这次又搞砸了；看来我就是不行；反正将来也不会变好；我总是会在意其他人的眼光；谁都不理解我；太丢脸了；又来了，我就从来没有顺利过；我大概被所有人讨厌了；我这种人身上，没有任何优点；事到如今再去挑战做什么，太迟了；我绝对做不到的；好讨厌这样的自己。

天使的耳语

我做得很好；我每天都会做晚饭；打扫完屋子，心情都变好了；每天做家务我都很努力；我是最棒的；照顾孩子的我很厉害；不要自己闷头做事；没关系；我在慢慢地变得越来越好；做我自己就好了；偶尔感情用事也无妨；失败了也没关系；有时说些泄气话也可以哦；不要自己一个人瞎忙活；我是有价值的人；我身上拥有无限的可能；我有能够信任的伙伴；我还有可爱的孩子。

第二章

给予孩子勇气
时的重要心态

想要给予孩子勇气，

作为孩子精神支柱的父母的心理准备也很重要。

在本章中，

我会说明在给予孩子勇气方面，

父母应该重视的 3 个心理准备工作：

尊重孩子、信任孩子、与孩子有共鸣。

尊重孩子——像和重要的朋友相处一样

作为父母，虽然把孩子生下来了，但并不意味着立马就能成为一名合格的家长。

我认为，在育儿的同时，父母也在接受孩子的教育，慢慢成长为名副其实的父母，作为一个独立的人，你也在不断收获进步。有句话说，"育儿就是育己"，正是这个道理。

孩子是教育父母的重要人选。因此，你们要共同生活下去，父母尊重孩子作为独立个体的态度，是非常重要的。

支配　　　　　　尊敬

亲子关系不是纵向的上下级关系，
而是横向的平等关系。

　　虽然父母的年龄比孩子大，但是从一个人的存在价值和尊严来说，大家都是平等的。不能说因为父母更大，就要用权力去掌控孩子。**亲子关系不是纵向的上下级关系，而是横向的平等关系。**

　　虽说如此，但这又和那种敷衍的所谓和孩子做朋友的亲子关系不同，我的意思也不是要让父母完全听孩子的，而是互相之间有礼有节，认真对待。

"尊重"和"宠溺"无法两立。孩子明明有独立解决问题的能力，但是有的父母却把本应该让孩子来解决的问题，扛到自己肩上，这就是"宠溺"了。比如，有的父母觉得孩子爱睡懒觉，每天早上都亲自叫醒孩子。这样的做法不是尊重，而是溺爱。

一般我们说到尊重，也许会联想到尊重比自己高一级的人。而我在这里所说的"尊重"，是将孩子看作是一个独立的人来尊敬。

如果你一下子理解不了，可以试着想象一下，把孩子想成是一个自己尊重的重要朋友。就算是旧友也没关系，只要是你很喜欢的、信任的人……

你对这些朋友，是不会突然说"快点给我干这个""为什么你不做这个""那样做不对啊"这种话吧？

当然了，如果是面对自己的孩子，偶尔也会有情绪化的时候。

比如，早上时间赶，你本来就很忙乱，孩子要是吃早饭慢吞吞的，快到上学时间还没准备好出门，有时候父母确实会有情绪，忍不住埋怨："为什么你每次都要拖到最后一刻？！"

但是，父母平常就要有把孩子当成朋友的意识，这一点很重要。你可能无法24小时都能做到这一点，可是你可以经常提醒自己，要将孩子当成一个独立个体来对待。这样一来，孩子也会以同样的方式和父母相处。

也就是说，父母尊重孩子，孩子也会反过来尊重父母。如果亲子之间互相尊重，这是一件非常棒的事哦！

我们作为父母，能够时不时地停下来思考，在和孩子交流时，说一些让孩子会把父母当成朋友的话语，这一点也很重要。

话虽如此，但是如果只注意语言，也是不行的。

比如，当你让孩子帮忙把桌子上的盘子端到洗水池里的时候，你对孩子说了一句："如果你能帮妈妈递下盘子，妈妈会很高兴哦！"

其实这句话的背后，如果你是想让孩子按照你想的来行动，要是孩子这时候回答你："我现在在看电视，等会儿再做。"也许你就会一下子生起气来，向孩子抱怨："为什么不现在就来递一下呢？"然而，如果你尊重孩子，也许就会这样对孩子说："我知道了。那你等会儿帮我来递哦。"而且，即使你确实想让孩子马上过来帮你，也会再次耐心地向孩子发出请求："现在就来帮妈妈，行吗？"

这样的话语背后，有一个重点，那就是你内心是有意识地把孩子当成独立个体来对待的。

孩子如果感受到自己是被当成独立个体受到尊重的，那么他就会以同样的方式和他人相处。这也成为孩子将来与结婚对象乃至下一代如何相处的基础。

所以我也经常说："教育你自己的孩子，相当于已经在开始教育孙辈了。"勇气教养法，会像传接力棒一样，代代相传。

信任孩子——
无论什么时候
都要信任孩子

孩子考了满分才是好孩子，孩子帮大人忙才是懂事机灵。像这样，认为孩子只有听父母的话，才能证明孩子的价值，这种想法基本上等同于你不相信孩子。

以看得到的结果为根据去相信孩子。当你对孩子说"你能做到这件事，我就相信你"时，其实你想说的意思是"你要是不去做这件事，我就不相信你了"。而这根本不是真正的信任。

所谓信任，是指孩子无论处于什么样的状态，你都会一直

相信他。

我在教书时期就意识到，要做到这一点是非常困难的。

例如，你的孩子之前答应过"不再和朋友打架"，却又打了架。

"明明和你说好了啊！""为什么总是要打架？""要说几遍你才懂啊？"这时候，作为父母，大多数情况下都有这样的反应。

但是，你不能对孩子说："因为你做了这种事，所以没救了。"这种话会否定孩子的人格。而是要开导孩子："你只是因为不知道恰当的做法而已。只要学会了适当的处理方法，一定会没事的，你一定能慢慢学会的。"像这样信任孩子，关注他们能做到的方面，持续给予勇气。

这样一来，孩子才会成长！

另外，如果作为父母，认为"要是孩子不会这个就太可怜了"，而总是去插手帮忙，孩子也许就会觉得"如果我一直假装不会的样子，保持沉默，父母就会来帮我"，然后变成那种故意引起他人注意的人。

越是那种看上去靠不住的孩子，越是要相信，"现在不会没关系，将来一定能学会的。这个孩子身上具备这样的能力"。

就算现在能做到的事情只
显现出了一点点结果……

正是因为还未见全貌，
只要给予光亮，
就会闪闪发光！

这样去对待孩子是很重要的。

　　所以，即使目前还没有孩子能做到某件事的根据，也没关系，要相信自己的孩子一定可以的，具备坚持到底的力量。作为父母，首先要尝试抱着这种想法，然后再去给予孩子勇气。

　　如果无意识地去插嘴或者亲自动手干涉了，也许正好证明了你还不信任孩子的能力。

　　孩子是有自我教育能力的。他们原本就能够使自身得到成长。

或许对于父母来说，相信看不见的东西是非常困难的。但是，正因为非常难，才更应该信任孩子。这样一来，才能让孩子鼓起勇气，引导出孩子原本就有的潜力。

有的母亲会说："怎么可能做到时刻都信任孩子？我做不到！"我也是一个母亲，也理解这样的心情。

但是我想，会说这种话的母亲，想必自己也不懂得信任自己吧。

不相信自己，就无法找到自己的优点。因为觉得自己不行，所以更不相信自己（我以前就是这样的人）。会有这种想法的人，也不会相信他人。

就算现在做不到，也没关系。慢慢地，首先给予自己勇气，从关注积极的一面开始做起吧。

育儿亦育己。通过与孩子相处，实际上也能照见自身。

首先要做的，就是对自己说一些能给予自己勇气的话。

然后再慢慢和孩子共同成长。

放手让孩子去做，默默守护——克制自己动口、出手

如果父母面对孩子又是动口下命令，又是出手替孩子去解决问题，那么孩子就会产生以下这些困扰。

- ▶ 过于依赖父母。
- ▶ 责怪父母。
- ▶ 失去干劲。
- ▶ 变得叛逆。

而且，最麻烦的是，爸爸妈妈会因此变得非常忙乱，接下去就没有一件好事，够你受的了。

为了让孩子顺顺利利，父母什么都挡在前头亲自处理，这么做会让孩子错失克服困难的重要机会。

父母如果亲自动手，确实事情会解决得更迅速，也不会感到心焦了。但是，我们育儿的目标，是让孩子自立。让孩子学会自己克服困难而给予支持，这才是父母的责任啊！

作为家长，如果孩子遇到困难，或者马上就要撞南墙了，会感到担心是理所当然的。家长会像担心自己一样操心孩子的事情。

但是，"当成自己的事"的那些事情，原本"不是自己的事"。说到底，那是孩子的事。

虽然根据不同发育阶段和具体状况，每个孩子的实际情况也有所不同，但基本上，孩子的问题，孩子自己就能解决。

我的意思不是说把担子全撂到孩子肩上。作为父母，不要过度干涉，下指示命令，或者大包大揽，而是在孩子身后支持、守护他们。

"妈妈就是你的伙伴哦！""如果你有难办的问题，随时和爸爸商量哦。""我们一起想办法吧！"向孩子展示出这样的态度，非常重要。

例如，孩子打翻了桌子上的水杯，把水洒了出来。如果家长马上就生气，责备道："你在干什么啊！"那么孩子只会变得越来越害怕失败，所以要避免这么做。

而且，不能因为孩子自己一下子擦不干净，你就立马帮着去擦。这样会宠坏孩子的。

如果孩子当面和你商量："我一个人擦不来，能帮帮我吗？"就可以把这件事当成亲子之间"共同的问题"加以解决。

这里的要点是：孩子在口头上找父母好好商量。只要孩子没有说让你帮忙，那就还是孩子自己的问题。

你可以这样回答孩子："你确实自己做不来，那我就和你一起做吧。"也可以间接地说："你尽量试着自己做好吗？如果还是不行，再来找我帮忙吧。"（至于到底是一起和孩子完成，还是完全交给孩子去解决，得看孩子处于哪个成长阶段，需要按照他们各自的发育水平来应对。）

不是说孩子来找你商量、让你帮忙，你就一定要满足要求。拒绝也没有关系。

重要的是，不能一开始就给孩子答案，要引导孩子用自己的力量去找到答案。

"你怎么看？""妈妈是这么想的，你觉得呢？"像这样，

✕ 父母不停干涉孩子的行为

哎呀，不是那么做的！

这样会剥夺孩子自立和进步的机会

⭕ 交给孩子自己处理，自己在一旁守候

这样能培养孩子解决问题的能力，提高自信心

你可以向孩子传达你的意见，但是不能勉强孩子照做，最终还是要让孩子独自做决定哦。

重要的是家长尽量和孩子沟通协商！和孩子交流与接受孩子的要求，这是两码事。

无论是多么微不足道的事情，只要让孩子收获"通过自己的力量克服困难"的经验，孩子就会越来越自信，迈向独立自主之路。

勇气专栏 ③

集训时的咖喱饭

我在举行育儿讲座、演讲活动以外，也一直会举办以小学生为主要对象的勇气教养亲子培训班。这个培训班会举行父母和孩子共同学习的讲座。

2013 年夏天，我们第一次在八岳山举行了合宿活动。

第一天的晚餐由小学一年级到六年级的学生，按年级大小分成 3 组来制作，每组做的都是咖喱。

工作人员只给出最低要求的指示，之后孩子们自行确定切菜、装盘、摆放碗筷等负责人。

父母则在一旁静静地守护着孩子们。如果这时候，在这样的场合，大人去插嘴，会给孩子们这样一种印象："看来没有人相信我们啊。"当然了，有危险行为的时候另当别论。

当时，我请各位父母，尽可能不要对孩子出口干预或出手相帮，而是默默守候；孩子有什么事情不会做，父母也只在一旁给予他们勇气。

不动口、不出手，这对于大人来说，是需要忍耐的。

因为对孩子的事情指手画脚似乎更简单，也更容易让孩子更顺利地学会。但是这么一来，可能就会剥夺孩子学习的机会。

请把"因为是孩子，所以我要这么做"之类的限制条件去掉，这样孩子才会积极自主地行动。因为孩子天然的想法就是要做个有用的人，自然会想要自己去尝试各种各样的事情。

那天的咖喱晚餐，因为全部交给孩子们去做，本来我以为料理的时间可能会比较长，但没想到，他们竟然很快便做好了。孩子们做完后，纷纷跑到工作人员那边问道："还有什么我们能帮上忙的吗？"反而是工作人员这边更加慌乱了。

那次经历让我再次感叹，只要把"因为是孩子，所以……"

的执念抹掉，去信任孩子，把事情托付给孩子去完成，孩子就能将自身的潜力充分发挥出来。

爸爸妈妈看到自家孩子活跃的模样，也在一旁欣慰地笑着，守护着孩子开心的笑容。

孩子们和同伴协力合作，品尝着自己做出来的咖喱饭，当时的表情简直太棒了。他们享受着自食其力完成一件事情的成就感，那一张张满足的小脸闪闪发光。

这份成就感，能造就孩子的自信心。像这样不断积累小小的自信，孩子会越来越多地发挥出自身的潜能。

对孩子抱持
同理心——
学习倾听

　　你有没有这样的经验：有事找别人倾诉，哪怕最后没有获得什么特别的建议，心里也会觉得舒畅不少。

　　只要有人能听自己说话，心里就会踏实。

　　也就是说，就算交流过程中没有说什么特别的话，但只要认真倾听对方，就已经是在给予对方勇气了。

　　让我们来看一看"听"的汉字怎么写——"聽"。右边包括"十四"和"心"两部分，可以理解为要用十四分心思来倾听。

另外，把"四"字竖放，就成了"目"字。也就是说，好好地看着对方的眼睛，聆听对方说的话，这很重要。

请各位有意识地注意这一点，多多倾听孩子吧。

倾听孩子说话时最重要的态度，是控制好自己想要说话的欲望，对孩子说的话表示关心，照顾孩子的心情。也就是说，与孩子产生共鸣。这样做能使孩子更愿意和你说话。

家长比孩子更有生活经验。因此，当孩子在和家长说话的时候，想必做父母的总是很想插嘴，给孩子许多意见吧？但是，此时请各位父母控制好自己，把孩子的话听到最后哦。

哪怕不是每次都能做到，也没有关系。比如，当你比较忙的时候，可以和孩子打个招呼说："妈妈现在在做菜，一会儿再听你说哦。先等一等。"等到你方便的时候，再到孩子那里去听他们说。

被大人耐心倾听的孩子，心里就会明白自己是被父母所接纳的，变得很安心，也开始变得能够自我肯定了。

成为倾听高手有以下 4 个要点：

要点 1 随声附和

倾听孩子的时候，大人边点头边说"嗯嗯""这样啊""原来如此"，能让孩子明白自己说的话，大人有在认真听，孩子就会更加放心地诉说了。

要点 2 一边表示共鸣，一边倾听

请一边照顾孩子的心情，一边倾听孩子吧。这样孩子才能感受到自己的情绪得到了理解，于是便能加深亲子之间的信赖关系。

要点 3 适时地问一句："然后呢？"

当孩子的话说了一半突然停下，或者你想继续听孩子说下去的时候，可以温柔地问一句："然后呢？"这样做是很重要的。如此一来，孩子才会更详细地进行说明，才会毫无保留地向你表达自己的心情。

要点 4 重复话语

"这样确实会很开心呢！""是会不甘心呢！""这真的很让人生气呀。"等等，你可以重复孩子说过的话，特别是表达情绪的话语。这样，孩子不仅了解到自己说的话，大人确实

成为倾听高手的要点

1 随声附和

2 一边表示共鸣，一边倾听

3 适时地问一句："然后呢？"

4 重复话语

当孩子遇到问题的时候

当孩子看上去很开心的时候

078

在听，还会感到自己的心情得到了理解，情绪得以放松。

重要的是，孩子能够明白"爸爸妈妈认真倾听了自己说的话"。

比如，当孩子对你说："今天我在学校学会了双人跳绳哦！"而你只是随便敷衍一句："哦，是吗？"即使你确实想继续听下去，却在一边忙着家务，眼睛也不看着孩子，孩子是不会认为你在听他说话的。

因为家长在家时一般来说会很忙，也不可能保证每次都认真听孩子说话。但是，如果一直让孩子感觉自己的话没有人听，日积月累，孩子的勇气就会逐渐丧失殆尽。

所以，当你方便的时候，还是请尽量停下手头的活，耐心倾听孩子吧。

而且，比起孩子口中所说的话，更重要的是对孩子的话外音——他真正想要表达的意思表示关心。

例如，当孩子问你："妈妈，明天你几点下班啊？"孩子不只是想问你时间而已，言外之意也许是："妈妈早回家吧，我想和你一起玩。"

再比如，当孩子说着"我累坏了"凑到你身边的时候，也许是想和你撒娇。这时候，如果你不是说："别说什么累不累的，赶紧去写作业！"而是说："很累了吧？今天你也很努力哦。"像这样，理解孩子的心思，孩子就会觉得"妈妈是理解我的"，从而感到特别满足。

倾听孩子的话，理解孩子的内心，能给予孩子勇气。

勇气专栏 ④

我想搭飞机

  我们全家有一次去羽田机场的展望台看飞机。在楼顶上观赏飞机的时候，一个十分可爱、穿着飞机人偶服的人朝我们走过来。

  当时我家 3 岁的小女儿见状，大叫起来："我想乘那架飞机！我想坐嘛！我想坐嘛！！让我坐嘛！那边那边！"

  这时候，我便使用了勇气教养法。

"宝贝，你很想坐那架飞机是吧？嗯嗯，那架飞机好可爱呢。妈妈了解了。"

→ **通过表示深切的共鸣，让孩子的情绪得到释放。**

"可是今天我们乘不了飞机哦。飞机不是说坐就能坐的呀。等到了 3 月份，妈妈要去福冈工作，正好那时候是春假，到时候你和妈妈一起坐飞机，怎么样？今天我们就先看看飞机，提前学习一下哦。"

→ **握住孩子的手，蹲下身子，和孩子保持眼神交流，面带微笑，平和地和孩子解释。**

"我们来看看，要从哪里乘上飞机呢？飞机怎样才会飞起来呢？看！看到驾驶员叔叔了吧！很帅是不是？"

→ **如果孩子年龄还小，可以换个话题，转移孩子注意力，也能起到一定效果。**

"你看，你刚才还在哭鼻子呢，现在就乖乖听妈妈讲话了，谢谢你哟。妈妈很开心。"

→ **孩子这时候还耷拉着嘴角，满眼是泪，但她依然能安静地听大人说话，这就是勇气教养法的力量。你也快给孩子一个**

大大的拥抱吧！

当我按照上面说的步骤做了之后，小女儿的心情渐渐得到了舒缓，好了起来。这时候，我再一次运用了勇气教养法。

但其实我也不是每次都能成功的。有时候我也会跟着心情烦躁，什么都不管了。

话虽如此，但我还是觉得，哪怕大人偶尔做不到，也没关系。

勇气专栏 ⑤

教职时代的小故事

我在当教师的那段时期，曾发生过这样一件事。

一天早上，我正在教职人员办公室里。突然，我班里的几个孩子慌慌张张地跑来叫我。

"老师！请您快点儿来教室！"

孩子们上气不接下气，看上去很激动。

我虽然很紧张，但是心里在默念："稳住，冷静。"

我对孩子们说："我知道了，现在就去。发生什么事了吗？"

孩子们回答："A同学和B同学正在打架！"

我们一到教室，就看到A同学和B同学两个人一边推来推去，一边吵个不停。

我问他们："你们怎么啦？能说给老师听吗？"

A同学和B同学也很激动，所以两人同时拉高着嗓音跟我说话。

我告诉他们："要是你俩同时说话，老师就听不清楚你们在说什么了。按顺序一个一个说。A同学先来，把事情说给老师听。老师随后也会认真听B同学说的，B同学你等一下哦。"

于是，A同学眼中泛泪，对我说了事情的原委。

"老师，是这样的。今天早上我来到教室，看到全班同学一起养的蝴蝶幼虫从蛹变成了蝴蝶。大家都很高兴。但是今天K同学请假，没来学校。我本来想把蝴蝶早点放生，可是B同学坚持要等到K同学来了再放掉蝴蝶，他说他准备把蝴蝶放到笼子里！"

我在A同学说话时一边点头附和，一边默默听着。这时的B同学，正不甘心地紧握拳头，低着头。

"原来是这么一回事啊。A同学，谢谢你讲给老师听。看来你是想早点儿把蝴蝶放回大自然，让它自由，是吧？"

接着，我转向 B 同学，对他说："B 同学，谢谢你一直在这里等着我们哦。你能也把事情讲给老师听听吗？"

B 同学回答道："我觉得蝴蝶是全班同学一起养的，所以想让今天没来学校的 K 同学也看一看。我想，K 同学也一定想亲眼瞧瞧幼虫变成蝴蝶的样子。所以……所以我才……"

于是，我这么告诉 B 同学："原来如此。B 同学是想让 K 同学也看一看蝴蝶呀。谢谢你告诉老师你的想法。"

接下去，我同时对着两个人说道："老师认为 A 同学和 B 同学的想法都很棒。你们两个人都有颗善良的心呀。老师非常感动。但是呢，朋友之间绝对不可以打架哦，明白吗？"

两人听完，垂下眼帘，点了点头。

就在那一刻，我觉得正好是教育孩子们的一个好时机，于是马上变更了早会的时间，让全班同学一起思考一下这件事。

当我和孩子们说完这件事的来龙去脉以后，大家表达了各种各样的意见。这样一来，自然而然就出现了做总结发言的领导角色的孩子，由他来严肃地和其他同学商量。

事情如何解决，我全权交给孩子们来决定，我只是全程在一旁听他们讨论。孩子们认真热烈地讨论着。

"我赞成 A 同学的意见。因为幼虫好不容易变成蝴蝶，可以飞起来了，我觉得要早点让它自由地在广场上飞翔呀。"

"我赞成 B 同学的意见。但是我也能理解 A 同学的想法。"

孩子们在讨论过程中，都没有否定 A 同学和 B 同学。他们既互相包容对方的意见，也会如实表达自己的想法，然后认真听取每个人说的话。

即使没有老师介入，孩子们自己也能努力解决问题。看到他们认真商量对策的样子，我感动极了。

那时，我意识到了一点，那就是孩子们身上原本就具备自主解决问题的能力。在那之前，我一直认为教师的职责就是"教导孩子"。但我发现，我想错了。虽然教导也是一方面，但一名教师的工作，不应该是强迫孩子按教师的思路去行动，而是制造契机，来激发出孩子的潜能，帮助孩子成长。

这是我第一次亲眼见到孩子们展现自身原本就拥有的能力。

一个班级里汇集着个性不同、想法各异的孩子。大家偶尔有意见上的碰撞，也是自然之事。但是，要让孩子明白，不可以使用暴力，也不能用给他人施压的方式来解决问题，如果想有商有量地解决，就要和伙伴同心协力。这种处事态度，哪怕长大成人后，走上社会的时候，也是非常重要的。

这次事件的最后，孩子们是怎样收场的呢？他们用摄像机拍下了蝴蝶的样子，然后才把蝴蝶放生。

孩子们在窗边排成一排，放飞蝴蝶的模样，我至今都难以忘怀。

"再见啦！祝你旅行愉快！"

"去快乐地交朋友吧！"

"再见了，蝴蝶，后会有期哦！"

孩子们对蝴蝶说着临别赠言，挥舞致意的双手久久不肯放下。

如果当时我赶到教室之后，完全不听 A 同学和 B 同学解释，只是一味地批评他们，也许我就无法了解到孩子们身上善解人意的一面，不知道他们竟然可以这么棒了吧？而事实上，我选择了倾听孩子。只是简单地做了这件事：始终保持倾听。

虽然倾听过程中我也说了几句，但也只是如"是这样啊""原来你是这么想的呀""确实如此呢"这种表示共鸣的随声附和。

我只是在一旁倾听而已，孩子们之间原本紧张的氛围就变得轻松不少。

虽然说了这么多，但我也不是一下子就懂得这么做的。刚当上班主任那段时间，我也会时不时在孩子们讲话的时候插嘴打断他们，武断地说："你看！所以才会变成这样啊！"那时候，我只是假装有在认真听孩子们说话，其实根本没听进去。如今看来，确实有非常多值得反省的地方。

后来，随着经验的不断积累，关于如何让孩子自主思考、行动，我渐渐摸索出了门道。

那就是尊重、信任孩子，向孩子表达共鸣，这些都是给予孩子勇气的基础。

我想，如果你常常把这个要点记于心头，那么你想要给予孩子的勇气，就更容易传递到孩子心里。

第三章

解决教养的困扰！
给予孩子勇气的秘诀

当孩子做出令父母困扰的举动时，

应该如何处理呢？

在本章中，

我列举了一些具体事例，

还请各位思考一下。

如果你读完之后，

能够尽量控制住自己的脾气，

思考孩子做出这些举动的目的，

然后与孩子聊一聊，

最后使家人们的相处变得更加愉快，

我会感到很荣幸。

孩子为什么会做出让父母困扰的举动

　　各位父母在育儿过程中想必会发现，孩子的一些举动令人感到烦躁和困扰吧。你心想："为什么孩子会这样做？""为什么我给孩子说了好几遍，他都不听话？"

　　大多数情况下，孩子做出让父母困扰的举动，目的是引起父母的注意。人就是这样，如果觉得自己可能会被无视，哪怕惹人生气也要引起别人的注意。

　　有的孩子觉得自己举止平常，受不到父母关注，于是便故意做出让父母困扰的举动。

我来举一个经常发生的例子吧。

比如，哥哥突然打了弟弟。然后母亲马上赶到现场，朝哥哥发火。这时候，哥哥会学到些什么呢？

他会理解成："如果我打弟弟，妈妈就会关注我。我想要让妈妈注意到我，只要打弟弟就行了。"

之后，兄弟俩吃晚饭时发生了这样一件事：哥哥在饭桌上吃相差、不好好坐着，母亲就会纠正他。于是哥哥变本加厉，然后又被母亲指摘出来。如此重复下去。

就这样，哥哥会理解成："如果我想让只关注弟弟的妈妈注意到我，只要吃饭的时候故意捣乱就行了。"

这样的孩子到了学校，有时还会在上课过程中捣乱。接着老师就会注意到他，然后他继续捣乱，老师再次发火。于是，孩子会理解成："我想要引起老师注意，只要上课调皮一下就行。"

孩子故意做出令父母老师等大人困扰的举动时，其实是在表达"我想让人看到我，得到别人认可"这样的想法。大人可以这样去理解。

那么，对于这种令人困扰的举动，大人具体应该如何应对呢？

世界上没有一个孩子会 24 小时不停做出困扰大人的举动。以上面提到的例子来说，就算是那个打人的哥哥，也不可能一直在打弟弟吧？肯定会有两兄弟一起开心玩耍的时候。

所以，在兄弟俩和平共处的时候，请父母给予孩子勇气吧。你可以对哥哥说："你能和弟弟玩得这么开心，妈妈很高兴"；"谢谢你帮妈妈照顾弟弟哦"。

孩子感受到自己被父母关心、认可，就会停止做出困扰大人的举动。

正如我之前说的那样，父母平时多关注孩子那些稀松平常的事情，给予他们勇气，这是非常重要的。如果去关注孩子的优点、他们所完成的事情，孩子就会继续做下去。然后，孩子出现困扰大人的举动就越来越少。

孩子每天早上起床，吃早饭，洗脸，接着去学校。

回顾孩子的日常行动，请向孩子多说一说"妈妈一直关注着你哦""妈妈是你的朋友""爸爸知道你很努力""我会一直支持你的"等这样的话，给予孩子勇气。这样，家庭就会成为孩子的安心基地。

关于父母如何让孩子停止令人困扰的举动，我有以下几条建议。

▶ 从孩子不擅长、没有完成的事情中寻找孩子的优点，从而给予勇气。

▶ 尽量不数落、批评孩子，不用命令的口吻（因为这样会打击孩子的勇气），而是向孩子表达"我是这样想的""你觉得这样做怎么样"，给孩子提建议。

▶ 即使孩子只取得了很小的进步，也要去鼓励他，给予勇气。

▶ 经常回顾一下，你有没有对孩子说一些增强他们自信和干劲的话。

▶ 对孩子说："你正在慢慢取得进步哦。"信任孩子。

在以上内容的基础上，可以根据面临的实际情况，提出具体的处理对策。但是，还要根据孩子的年龄、发育阶段、性格、背景等，随时改变与他们的相处方式。以上建议如果能让各位父母觉得有参考价值，是最好不过的了。

另外，想要给予孩子勇气，大人也有必要进行训练。所谓日积月累方成功，请大家不要想着一口气吃成胖子，而要从现阶段能够做到的事情入手，慢慢行动起来就可以了。心不急，气不躁，不勉强。

案例 ❶
不爱整理

如果孩子不爱整理，首先请确认以下两点。

▶ 家里有没有足够的整理收纳空间，收纳筐等家居用品是否准备好了？

▶ 你有没有教过孩子整理收纳的方法？

有的孩子就是单纯不知道该如何整理，或者只是现在还不擅长整理而已。

　　年龄较小的孩子，很少有总能把身边的东西给整理好的吧？小孩子还不懂整理整顿这回事，很正常。我觉得，如果让孩子不断练习，等到 10 岁左右，应该就会变得爱整理、会整理了。

　　身为父母，你一定想让孩子体会到整理完东西之后，那种畅快的心情、自己亲手整理完成的成就感吧？

　　比如，你让孩子整理 10 个玩具，但他只整理好一个，你也可以尝试对孩子说："你整理好了一个哦，接下来再整理一个吧，我也会帮你哦。"像这样，给予孩子勇气。

　　虽然根据孩子发育阶段和每位家长想法的不同，实际情况也可能相异，但一般来说，孩子到上小学的时候，就懂得自己的事情自己做了。

　　如果孩子每次都无法好好整理，比如，你要孩子整理的是玩具和电子游戏机，那就由你自己来保管，或者今后别给孩子买了。当然，不是说一定得马上单方面执行，请先耐心地和孩子说明理由，约定规则。

　　首先，确定每样东西的固定位置，定下基本规则：用过的东西，要放回原处。

　　如果孩子把铅笔、笔记本随便丢在书桌上不管，父母要做的不是斥责，而是提醒孩子："你看，铅笔和本子全都放在外面了哦。"如果孩子整理好了，你就可以说："你看，这样多整洁呀。"来给予孩子勇气。如果不用你提醒，孩子自己就能整理好，你可以表扬孩子："你能自觉整理好，妈妈很佩服呀。"

重要的是，父母不要一边严厉批评孩子，一边还代劳，帮孩子去整理。要让孩子养成自己的事情自己做的习惯。这样一来，孩子就会慢慢开始学会自己整理了。

即使是再微不足道的进步，也请父母多给予孩子勇气哦！请降低自己的预期……即使你不小心脱口而出，批评了孩子，作为父母也不要过于自责，告诉自己："只要我自己慢慢拥有勇气就可以了。"请大人们也给予自己勇气呀！

我曾遇到过一位母亲，她因为 6 岁的孩子不爱整理而感到困扰。我建议她和孩子一起给家里的抽屉贴上标签。

让孩子在标签上写字、画画，表示这个抽屉是用来放文具的，那个抽屉是用来放玩具的……这位母亲照做之后，发现她的孩子变得能够开心地自己做整理了。因为亲自贴标签的方式，使孩子对物品产生了感情。

那位母亲也开始对孩子说"这个标签做得真好呀""你变

得这么会整理了呀"之类的话，学会给予孩子勇气了。

我家在读小学的大女儿，每次整理书桌里的物品时，我都会和她一起整理。女儿书桌的抽屉里放了许多东西。除了文具，还有画着可爱插图的剪贴画，不知道从哪里找到的四叶草，漂亮的玻璃弹珠，好看的卡片、信纸套装等。

东西很多，整理起来也真是麻烦。我会和大女儿一起分门别类，哪些要留着，哪些不要了，然后扔掉因为时间太久而用不上的和坏了的物品。而那些虽然可能今后用不上，但对于女儿来说是很重要的东西，我就会和她一起放到她喜欢的箱子里。这样做的重点，在于和孩子营造一种共同参与一件事的开心氛围，和孩子说一些能让他们提起干劲的话。

如果有东西要扔掉，我会和孩子一起对着那件东西说："谢谢你一直以来在我身边。"然后才扔掉。因为物品也是有生命的，我认为对物品说一句"谢谢你的关照"，想必它也会高兴吧。我始终会对孩子传递这样的观点。

通过不断积累小小的成功体验，孩子就会开始自己的事情自己做。也许成果不会立刻显现，这时候就看父母的忍耐力强不强了！（笑）请大家好好守护孩子哦。

在大人还看不到成果的时候，孩子其实也在成长……

最后，孩子的内心长出了小小的嫩芽！

父母要把孩子当成一个独立的人坦诚相待，尊重、信任他们，给予他们勇气。这样孩子才会主动发挥超出大人预期的潜力。

孩子身上真的拥有非凡的力量！也许现阶段还看不出来，但每个孩子的身体里，都一定潜藏着正在萌芽的力量。

是把这么重要的萌芽掐断，还是培养萌芽长大，全看大人怎么做。

- 确认是否有足够的收纳整理空间。

- 教孩子收纳整理的方法。

- 让孩子体会到整理是件开心的事，有自己完成整理的经验。

- 如果孩子很小，父母可以陪着一起整理。

- 如果是小学阶段的孩子，父母可以和孩子一起思考整理的方法。

- 当孩子自己整理的时候，父母可以在一旁给予勇气。

案例 ❷
忘东忘西

　　这是我在当教师的时候遇到的一件事。我的学生 C 同学经常忘东忘西，第二天要带到学校的东西，全都是由他母亲帮忙准备的。C 同学说，因为他自己不会整理。

　　而且，每次 C 同学忘记带东西来学校，都会责怪母亲："你为什么没给我放包里啊？"他母亲还会亲自把东西送到教室来。

　　像这个例子一样，原本应该是孩子自己做的事情，却由父母代劳，孩子就会变得依赖父母。这么一来，一旦发生什么事情，

孩子就会习惯性地怪罪到父母头上。

C 同学忘东忘西的缺点，一直都不见改善。

一天，C 同学忘带了练字用具，我对他说了以下这段话。

"C 同学，4 月的时候，老师和大家有过约定吧？如果是忘带东西，还没超过三次，老师可以把东西借给你们，但是第四次开始，老师就不会再借了。你还记得吗？当初所有同学是一起这么决定的吧？对不起啦，今天老师不会再借你练字用具了，你就坐在座位上看大家练字好了，或者自己读课本，怎么样？"

C 同学一副很无聊的样子，一会儿看看课本，一会儿旁观其他同学练字，然后把我上课说的话记在本子上。

我这样做，并不是在给 C 同学下指示，命令他"因为你忘带东西了，所以你要给我这样做"！而是先和他确认在新学期开始时，我和所有同学共同商量过的决定，然后耐心地给他解释。这一举动并不是"处罚"。我只是让学生对自己的行为负起责任来。

教师队伍中，有的老师确实会惩罚学生，比如，罚学生抄写汉字，或者去打扫教室等。但是这种做法，肯定会使孩子讨厌汉字和打扫卫生。而我会让 C 同学思考怎样做才能让自己不忘东忘西。后来，C 同学每天放学回家，都会立刻准备好第二天要带来学校的东西，然后在睡觉前再检查一遍。

C 同学通过对自己的行为负起责任，实行约定好的规则，开始变得会注意到每天上学要带到学校的物品了。他是从亲身体验中学习了这一点。而这也是孩子走向独立自主的重要的第一步。另外，我还会拜托 C 同学的母亲："为了让 C 同学能够完成自己决定的事情，请您尽量不要插手。"

C 同学的母亲刚开始表现得很不安，但后来也慢慢地信任 C 同学，任他自己做主。之后，C 同学身上渐渐发生了改变，他开始变得能够担负起自己的事情，忘带东西的次数也越来越少。C 同学因为完成了一直以来无法做到的事，而感到充满了勇气。

我希望这个例子能让各位家长明白，即便孩子有什么事情一开始不顺利，只要他立马学习如何改善，遵守自己定下的规矩，就可以培养自信心。

要点

- 如果孩子总是忘东忘西，就让孩子自己承担责任。

- 父母尽量帮孩子做准备，让孩子不要总是忘东忘西。

- 父母和孩子一起想想，怎样做才不会总是忘记事情。

- 当孩子自己做好了准备，没有忘东忘西的时候，父母可以在一旁给予勇气。

案例 ③
不爱睡觉

　　在睡眠方面，作为父母能做到的最重要的事情，就是放松下来，不要紧张，和孩子共同为每天的入睡时间做好准备。

　　大部分父母常常会脱口而出："快点去睡觉！"其实这么一说，孩子就会感到讨厌，还会厌恶父母。

　　而且，并不是说父母催过了，孩子就会早早上床睡觉。许多情况下不会如此顺利。

首先，我们来讨论一下学龄前的孩子如果不按时睡觉，父母该如何应对。

营造安静、安心的环境，这一点很重要。如果家里电灯大开，大人还在忙着做家务，这种让人静不下心的环境是绝对要避免的。

而且，要让孩子上床睡觉，家长尽可能和孩子一起睡。和孩子睡同一个被窝，哪怕你装睡也没问题。

也不妨请爸爸妈妈和孩子踏踏实实地躺一会儿哦。

推荐爸爸妈妈在孩子睡觉之前，把房间里的大灯关了，只留一盏落地灯，然后给孩子读一读绘本。橙色的温暖光线，有宁神效果。如果同时播放让人放松的音乐，那就更好了。

这时候，孩子的耳边围绕着自己最喜爱的爸爸妈妈的温柔声音，肯定能放松、平静下来吧。如果孩子感受到父母的爱，就会满足地进入梦乡。

不过，有的时候，孩子就是想和家长再玩一会儿，怎么也睡不着觉。

这时候，你可以和孩子约定："只能再玩 15 分钟哦。"然后让孩子尽情地玩耍，之后再让他去睡觉。心愿得到满足，孩子有时会出乎意料地立马睡着哦。

另外，每晚睡觉以前，请家长一定要紧紧地抱一抱孩子哦！用力地去抱紧孩子。

握住孩子的手，说说话，孩子便会渐渐入眠。

如果你家孩子是已经会说话的年纪了，那就和孩子商量一个固定的睡觉时间吧。不是父母单方面决定，而是向孩子说清楚为什么要早点睡觉，重要的是让孩子来决定睡觉时间。

几点到几点刷牙，几点到几点读绘本，大概定个时间表就可以了。

我家的睡觉时间表，是由孩子写下来的。他们还画上了可爱的插图，然后把纸撕下来贴在墙上。而且像这样，让孩子把亲手制作的东西贴到墙上之后，再说一句："做得真棒啊！"还能给予孩子勇气。

如果你家孩子还不认字，可以由家长来画画、贴时间表。这时候，只是让孩子随便涂鸦一下也挺好的！这样一来，孩子就会意识到这件事是自己和爸爸妈妈一起完成的，也许这也能提高孩子的干劲。

我觉得，比起和孩子约定一些刻板的规则，不如定一些稍微宽松一点儿的规定更好，比如，"因为星期一有我们爱看的电视节目，所以那天晚上也可以晚一点睡觉。"

因为这是为了全家人的幸福生活而约定的规则，所以为了大家能够过得开开心心，希望父母多下功夫哦。

要 点

- 如果孩子年龄较小，父母可以和孩子睡在一起。
- 哪怕只有一点时间，也请在睡前与孩子平躺着休息一会儿。
- 哪怕只有一点时间，睡前可以先让孩子玩到心满意足，再让孩子睡觉（重在质量而非数量！或者可以和孩子聊会儿天哦）。
- 如果孩子已经上小学，父母可以和孩子一起商量决定睡觉时间表。

　　我家大女儿在读幼儿园小班的时候，发生过这样一件事。

　　女儿刚入园没多久，学校就安排了星期日家长参观活动。教室里聚集了许多爸爸妈妈，在他们面前，孩子们要一个个上台做自我介绍。

　　终于，轮到我女儿了。她虽然走到了台前，但很害羞扭捏，说不出话来。老师就站在我女儿旁边，给了她鼓励，但是她只是非常小声地说出了自己的名字，然后就下台了。声音小到和蚊子嗡嗡叫一样。

女儿当天似乎很在意这件事。于是，带她回家之后，我运用了勇气教养法。

"今天是家长参观日，你一定很紧张吧？教室里有那么多人，光是站在他们面前，就很需要勇气呀。爸爸妈妈小时候也会紧张到在别人面前说不出话来。但是你看，现在爸爸妈妈的工作就是在许多人面前讲话呢。所以说，以后你也能慢慢地在其他人面前好好说话哟，放心吧。今天你已经很努力啦！"

孩子听我说完这段话，笑着松了一口气。

我是独生子，小时候非常内向。上小学的时候，上课连举手都不敢，被老师点到名也会难为情。老师在我的家长通知表上写的是："希望你变得更加积极主动。"

但是后来，在和老师、朋友的相处中，我变得越来越有自信，成为一个积极性很高的孩子。

所以说，孩子现在的性格，并不是一成不变的，而是处于成长过程的中间阶段。即便你的孩子目前有一些不擅长的事情，也请你相信以下这些话："总有一天，孩子能做到的。""这个孩子身上有完成目标的潜力。""孩子拥有无限的可能。"

哪怕你暂时没有根据，也没关系。因为有一点非常不可思议，那就是父母那种坚信"一定没问题"的情绪，肯定会传染给孩子。

回到我刚才说的大女儿的事情。那时候，我还和女儿一起用纸板箱手工制作了一个演讲台。然后我让女儿站在那上面，对她进行采访问答。孩子拿着的玩具麦克风里装着糖果，我和丈夫则扮演记者的角色，向女儿发问：

"今天你在幼儿园里玩了些什么呀？"

"能不能告诉我们，你最爱吃的三种食物呀？"

然后女儿就举着麦克风来回答。这就是我们安排的演讲练习。我和丈夫还会演台下观众的角色，坐在那里鼓掌。

时光荏苒，女儿上了小学。又到了家长到教室参观的场合，我们看到女儿的表现时惊呆了。女儿会主动举手，大大方方地在众人面前大声讲话。

而三年前，她连自我介绍都做不好，现在进步如此之大。一想到这儿，我非常感动。

幼儿园的时候，如果我对女儿发火，只是一味地批评她，也许女儿就会丧失信心，渐渐地再也不敢在别人面前说话了。这次经历让我切实体会到相信孩子、守护孩子的重要性。

如果你家孩子怕生、内向，作为父母肯定很着急，急于想办法解决。但要是因此去勉强孩子，反而会产生反效果。孩子现在的样子并未定型，而是会在成长过程中慢慢有所变化，请各位放心。

性格内向本来就不是什么错，请父母坦诚地包容孩子的个性哦。

可以让孩子多在外面玩耍，也可以从小时候起，经常带孩子去亲戚和小伙伴家里做客。不要一直让孩子和母亲两个人在家中独处，这一点很重要。要让孩子多走出家门，多接触外面的世界。

之后，孩子就会慢慢改变，性格也会变得开朗一些。如果父母表现得担心焦虑，这种不安的情绪会传染给孩子。

如果孩子开始主动和小伙伴打招呼（哪怕是小声打招呼也没问题，只要孩子主动问候，请父母给予孩子勇气哦），完成了某件事情，请父母立刻给予孩子勇气。这样，就能让孩子产生自信。如此不断积累小小的成功经验，是很重要的。

⭕ 对孩子说："这种时候是会紧张呢。"与孩子产生共鸣。

⭕ 关注孩子完成的事情，给予勇气。

⭕ 赋予孩子完成小目标的经验（比如，让孩子把传阅板报拿到邻居家，或者在书店里让孩子尝试问店员是否有某本书）。

案例 ⑤
不守时

有的父母向我提到自家孩子的情况，比如，"每次出去玩都不按说好的时间回家""明明和孩子约好游戏时间是 30 分钟，可孩子还是无休无止地玩下去"。关于时间的问题，请各位父母一起来思考一下。

关于守时的问题，父母可以和孩子商量出一个规定，让孩子来决定。

如果孩子玩电子游戏的时间很长，不守时，也许就算定了规则也不管用。

比起某一方单方面定下的规矩，让孩子亲自参与制定规则、父母与孩子以民主的方式对话，这样的情况下孩子会更加守时。因此，建议全家人一起商量决定。如果进展得不顺利，可以多商量几次来改善规则。

比如，你明明和孩子约定过下午5点必须回家，可到了5点，孩子迟迟不归。对于这样的孩子，你可以问："在外面玩儿得特别开心，偶尔确实会忘记时间呢。你觉得如果要保证按时回家，我们可以做些什么呢？"

或者可以跟孩子表达作为父母的心情："最近天色暗得比较早，到了5点你还不回家，爸爸妈妈会很担心你。"

为了亲子之间互相理解、共同和谐生活，父母在和孩子沟通的过程中，要和孩子产生共鸣。

傍晚，学校放学铃声一打，学生就要回家的规则，大部分是由校方规定的。确实也有这种一开始就定好的规则。

这种情况，父母可以让孩子思考这些规则存在的意义，以及遵守规则的价值是什么。

特别是在冬天，太阳下山的时间比较早，天色一暗，外面的危险也会增多。父母可以和孩子解释，遵守规则能够保护自己。

父母也可以向孩子提出这个问题："若我想让你每天按时回家，该怎么做呢？"让孩子主动思考。比如，孩子提出戴手表上学，多看看时间等意见，那么这时候，父母正好可以运用勇气教养法，对孩子说一句："这办法不错呀！""那我们试试看怎么样？"

要 点

- 父母和孩子商量，怎样做才能守时。
- 父母和孩子共同思考守时的意义和价值。
- 孩子按约定守时之后，父母给予勇气教养。

案例 ⑥
攻击、反抗的态度

　　孩子总是立马顶嘴，对父母说话的态度很差。像这种带有攻击性的孩子，应该如何应对才好呢？

　　父母首先应该检查一下，自己面对孩子时的言辞是怎样的。

　　如果父母经常数落、命令孩子，比如，对孩子说："你做作业了吗？总是这么拖拖拉拉可不行啊！快点做作业！"孩子就会产生逆反心理，失去干劲。

　　对于你说的话，如果孩子回嘴道："你好烦啊！我本来就准备现在开始做的，你能不能别这么唠叨？"也许他其实是想表达："别再伤害我了。我总是被你这样唠叨，会很难过的。希望你多多珍惜我呀。"

　　如果父母以居高临下的态度对孩子发号施令，孩子会为了反弹你施加的压力，产生攻击、反抗行为。这是孩子在通过攻击他人的方式，避免自己受到伤害。

　　如果你跟孩子说过无数遍，孩子都不听你的，那就说明你说再多遍也没用。

　　一个人会强化自己受到他人关注的行动。如果父母总是数落孩子，孩子的缺点会显现得越来越明显；若是赞美孩子，孩子的优点则会越来越多。因此，父母要多关注孩子好的地方，给予他们勇气。

　　另外，父母如果想要心平气和地与孩子沟通，那么平时就要注意和孩子说话时，平等对待。第2章里我有提过，对待孩子要像和重要的朋友相处一样。我想，你是不会对自己喜欢、尊重的朋友采取俯视的态度指指点点、下命令或者贬低的吧。

　　而且，如果你想让孩子做什么或者不做什么事情的时候，面对孩子，不应该用命令的口吻，而是应该以请求的语气和他

命令的口吻 不容易让孩子有选择余地

请求的语气 给予孩子选择余地

们说话。

请求的语气，是一种给予对方选择余地的说话方式。相反的，命令的口吻，则是不给对方选择余地的说话方式。

如果妻子被丈夫以命令的口吻抱怨道："你现在给我去打扫卫生！""马上去打扫房间！"想必会很生气吧？

如果丈夫对妻子说的是："如果你能早点帮忙打扫卫生，我会很开心。""如果你能早点打扫完房间，我工作起来也会更集中精神，可以吗？"那么妻子就会感到自己受到了尊重，不会产生反弹心理。

与此同理，如果父母也用请求的语气对待孩子，孩子就会感到"爸爸妈妈都很重视我"。之后，孩子也会变得尊重和信任父母。

请你试着像与自己重视的朋友或爱人相处一样对待孩子，有意识地改变一下表达方式，可以从身边的小事开始。

要点

- 回顾检查一下你面对孩子时，采取了怎样的说话方式。
- 不要用命令的口吻，而是用请求的语气。

案例 ❼
写作业时拖拖拉拉

　　想一想，孩子在学校里学习的时间非常长。哪怕是上幼儿园或者托儿所，那么小的孩子一整天都要离开家长身边呢。

　　因此，当孩子从学校回来对你说"我回来了"的时候，家长首先可以回应一句："欢迎回来！今天辛苦啦！"以此给予孩子勇气。家长简单的一句话，就能使孩子的内心充满勇气的能量。

　　同样的道理也适用于大人。你在外工作了一天，回到家的时候，如果家人对你说："快点准备晚饭！""快去打扫！"你也会心情低落，失去干劲吧？

所以，父母要做的第一件事，就是检查一下之前有没有在孩子回家后，对孩子说"快去写作业""快点给我把这个活儿干完"之类的话。如果孩子被父母如此唠叨，有可能会变得讨厌写作业。

就算孩子回家后没有立马写作业，但当你一旦看到孩子开始写了，就可以说上一句"做得很好哦"，表扬孩子完成的事情。

要是孩子没有马上写作业，也不要一直唠唠叨叨。重要的是，当孩子开始写作业的时候，父母加上一句"很努力哦"之类的话，能给予孩子勇气。

因为人会因他人关注而提高行动频率。

关于孩子什么时候写作业，在你家里有具体规定吗？是回家后立马就写，还是吃完晚饭再写？如果规定孩子写完作业才能出去玩，也是不错的规矩。建议你和孩子一起商量写作业的时间。

重要的是在和孩子沟通的时候，要让孩子自主思考。不要否定孩子说的话，如果你有意见，建议对孩子温柔地说："原来你是这样想的呀，妈妈 / 爸爸的想法是……"

写作业是孩子自己的任务。因此，与写作业相关的规矩，最终应该让孩子决定。接下去，父母就可以信任孩子，放手让孩子去做。

也许各位父母中间，有人会担心："如果我不插手，孩子越来越不愿意写作业了，那该怎么办？"我想说的是，一个人自己决定的事情，是更容易去遵守并完成的。

如果父母认为："反正这孩子学习不好，肯定不会写作业的。"那么不可思议的事情就会发生——孩子真的不会主动写作业了。因此，请家长信任孩子："没关系，这孩子肯定会完成功课的。"去守护孩子吧。

重要的是，趁孩子还在低年级的时候，就让他养成好习惯。当然了，我并不是说孩子上了高年级之后就为时已晚了。任何时候开始都不晚，请试着行动起来吧。

另外，当孩子写功课的时候，父母也可以在旁边看看书，不打扰孩子，就默默地陪在他们身边。

如果一个孩子在上小学以前，父母总是陪在身边关注着，孩子一定会很高兴。**即使父母不陪着孩子学习，而只是待在旁**

边做其他事情，孩子也会收获勇气的力量。

我想，许多父母都会因为家务而忙碌不已，但我认为，大家可以在有余力的时候，问孩子一句："来写作业吧？"营造出让孩子轻松打开作业本的环境，这也是很重要的一点。

H女士的女儿从上小学低年级开始，不用大人提醒就会自主完成功课。她下面还有两个弟弟，所以母亲平时很忙。由于这孩子非常懂事，所以母亲总是让她独自写作业。

但是，H女士听完我的讲座之后，看到女儿正在写功课，就有意识地坐到她身边。

女儿看到母亲的举动，十分高兴地说："我希望一直和妈妈开心地待在一块儿。"H女士这才发现，原来母亲在孩子身边给予关注，会让孩子如此高兴。

也就是说，比起总是跟在孩子屁股后面，逼孩子写作业，还不如默默地陪在孩子身边，守护他们。

然后，母亲可以对孩子说："如果你有不会的地方，妈妈会帮你哦。"试着给予孩子勇气。

对于孩子来说，如果写作业的时光十分愉快，那么孩子就会主动去写。

但是，也有的母亲需要工作，无法陪在孩子身边写作业。如果是这样，就算无法陪伴孩子，你也可以向孩子表达关心："功课做好了吗？""有没有哪里不会做的？"或者关注孩子做得好的地方，比如，"字写得真漂亮呀。""全答对了呢！""每次你都能自己完成功课，妈妈很佩服你哦。"以此给予孩子勇气。母亲也可以在孩子的本子上写一句话："你真努力！"或者敲一个花样印章也不错。

要 点

- 关于写作业的时间，父母与孩子共同商量，并由孩子决定。
- 当孩子在写作业的时候，父母尽量在旁边陪着。
- 当孩子在写作业的时候，父母可以给予孩子勇气。

"发脾气"与"责备"的差别

如果在你的生活中实际发生了本章中列举的事例，我认为父母没有必要对孩子发脾气。情绪不要激动，教孩子正确的做法就行了。

如果父母表现出烦躁的情绪，孩子就会产生这样的认知："想要让别人按照自己的想法来，只要宣泄情绪就行了"，然后有样学样。所以父母的说话方式要尽量避免情绪化。

但是，请各位不要误解我的意思，我并不是说不能生气。

只要是人，谁都会有忍不住发脾气的时候。如果你是正在照顾孩子的母亲，可能更容易一不小心发脾气……

这时候，要学会宽慰自己，转换情绪："啊呀，偶尔我也还是会这样的。"请不要一味地自责哦！

但是，如果你总是在发脾气，则会产生副作用，因为孩子会就此认为："既然妈妈生气了，那我就勉强做一下好了""没人跟我发火，我才不做呢"。而且，这样做还会导致你与孩子之间难以建立起互相尊重和信赖的关系，因此作为父母，你要尽量控制住自己的脾气。

使用暴力，或者说些歧视他人的话，做一些会伤害他人身心甚至危及生命的行为，作为父母，还是会去"责备"孩子的。

育儿没有正确答案。请父母好好商量，共同决定育儿方针。

我认为发脾气和责备有以下差别：

发脾气：将怒气一股脑撒向对方。情绪化，以自我为中心。

责备：以坚决的态度教导孩子分辨事情好坏。理性，以他人为中心。

发脾气，是发泄情绪，怒喝孩子，将烦躁的情绪传染给孩子，

发脾气

随性子发火
让孩子泄气

责备

关于不能做某
件事的原因，
父母以理性、
坚定的态度和
孩子讲道理

是完全凭父母自己心情的好坏决定的。

责备，是理性地向孩子解释为什么不可以这样做。这种情况下，父母绝不会使用冲动的语言，而是坚定、耐心地和孩子说话。

比如，碰到孩子恶作剧的时候，如果父母一上来就发火："喂！你干什么呢！为什么要这么做啊？！"歇斯底里地向孩子撒气，这属于发脾气。

"这样做非常危险，绝对不可以哦（教导孩子珍惜物品、重视别人）。"如果父母以坚定的态度和孩子这样说，这属于责备。

责备孩子时，要注意以下几个要点：

▶ 以耐心的语言，理性地面对孩子；

▶ 态度要坚决；

▶ 不要长篇大论；

▶ 注意表情管理（表情要严肃认真，要让孩子明白，在这件事情上，你是不会让步的）；

▶ 只责备孩子的具体行为（不要说"你是个没用的孩子"

这种否定人格的话）。

　　而且，不仅责备孩子表面上的举动，还要看清产生这一举动背后的原因（以前发生过一起事件：一些刚成年的孩子在成人礼上寻衅滋事，随后被逮捕。警察询问他们的动机，听说他们的理由竟然是"想要引人关注"。原来他们只是想被人关注而已……）

第四章

母子连心

在本章中，

我会讲到母亲给予自身勇气、调整心态的方法。

重视自己，

就是重视家人。

请各位让自己充满勇气，

然后使育儿变成一桩乐事吧。

孩子是反映
父母心境的明镜

到第三章为止，我已经告诉过大家，给予孩子勇气在给孩子带来自信、调动孩子积极性上，是非常重要的一步。

"我一直在关注你哦。""我会一直支持你哦。""爸爸妈妈觉得你这一点非常棒！"像这样经常被父母给予勇气的孩子，自然会觉得"我是有能力的人""爸爸妈妈会一直支持我的"。

孩子因此有了一块安心基地，于是哪怕遇到失败，一时心情低沉，孩子也能靠自己的力量重新站起来。

父母和孩子的心紧密相连

　　但是，我每天在与许多父母的交流过程中发现了一个事实，那就是，无论你跟孩子说过多少给予孩子勇气的话，如果父母自己的内心是不安稳的，把真正的情感封闭起来，勉强自己，孩子可能无法发挥出潜力。也就是说，如果是这种情况，孩子别说有自信了，相反还会失去自信和干劲。

　　父母和孩子的心，其实是存在深层联系的。孩子就像是镜子一般，映照出父母真正的内心。

各位是否有过这样的经验和感受：父母的内心富足、安稳，孩子的内心也会安定下来；父母的内心烦躁不安，孩子的内心也无法平静下来……

与此同理，父母的内心总是无意识地否定自我，感到压抑，这种情绪就会像照镜子一样，在孩子身上反映出来。

也就是说，父母在心中否定、禁止的事情，孩子会用言行表现出来。接着，父母看到孩子这样，就会感到更加烦躁不安。

这种现象不仅出现在亲子关系中，夫妻关系乃至所有人际关系中也都会发生。

例如，认为"发脾气就是不好的"，经常压抑自己生气情绪的人，看到有人发火，一定会感到心情很差。

有的人其实是想依赖、亲近他人的，但一直压抑着。这样的人看到那些轻易就去拜托别人、和别人撒娇的人，也许会感到那种人很讨厌吧。

但是事实上，能够关注到自己故意忽视了自我某一部分的人（比如，你发现你会对自己表现出不满），也是能够使自身得到成长的人。

"即便你有这一面，也没关系哦。"有的人可以让你接受

你一直以来否定自己的一面。

因此，对于平时生活中惹你生气的孩子，也许作为父母，做不到去想"谢谢孩子让我觉得不满"这种程度，但尽量转念去想："嗯，孩子好像在向我传递什么信息吧。"

通过让父母感到烦躁不安，孩子可能想要传达的信息如下：

妈妈 / 爸爸最近是不是很累？

妈妈 / 爸爸最近是不是太拼了？

妈妈 / 爸爸真正的想法是不是这样的？

如果这样去想，妈妈 / 爸爸会更加轻松啊。

平时工作中，我会遇到形形色色的家长。听完他们所说的事，我都强烈地感受到父母和孩子的心是紧密相连的。

父母的内心一有变化，明明还没有直接对孩子做什么，孩子身上的问题就会突然消失。这样的例子，现实中有很多。父母和孩子的心紧密相连的力量，就是如此强大。

孩子是父母的镜子。看着孩子，你就会了解自己的心理状态。育儿过程中遇到的危机，有可能成为父母与孩子共同成长的契机。

案例 **1**
孩子一哭
就焦躁不安的母亲

来听我讲座的听众中，有位母亲和我说，她的孩子动不动就哭，令她很困扰，感到焦躁不安。孩子一不高兴就抽抽搭搭地哭，母亲听到孩子的哭声会莫名感到生气。而且，孩子一碰到自己办不到的事情，就会立马跑去找母亲撒娇，喊道："妈妈，帮我做一下！"这样的举动，也会令母亲觉得很厌烦。

在和这位母亲谈话的过程中，我从她所说的话和举止就能明白，她是那种无法允许自己"哭泣"和"撒娇"的人。

"不能哭。"

"无论什么时候，我都应该坚强。"

"我必须一个人奋斗。"

这位母亲的心中一直抱有类似的想法。

而这种压抑自己内心的想法（不愿在自己身上发生的，会跟人撒娇的弱点），就会一直反映在孩子身上。

也有的母亲，就算孩子是个爱哭鬼，也完全不介意。

有的母亲可能只会笑着来一句："你这孩子，真让人头疼啊。"事情就过去了。这样的母亲会觉得："现在孩子还小，喜欢哭也没办法啦。"而有的母亲面对爱哭的孩子，却会莫名地发火。那是因为，她自己一直压抑着，禁止自己出现"暴露弱点""跟人撒娇"的举动，如果孩子这么做了，她就会感到无法原谅，烦躁不已。也就是说，这种母亲内心真正的渴望——"其实我很想跟人亲近、撒娇"，由孩子展现出来了。

对于这样的母亲，我建议可以对自己说以下这些话，尝试接受自己的弱点和不完美。

我无论是什么样，都是 OK 的。

是哭还是笑，无论我怎样，都是最棒的。

一直以来都是自己一个人努力，辛苦了。

今后不用自己闷头努力了哦。

因为我已经非常努力了。

接着，我向这位母亲提议，今后不要过于顾忌，尽情地向他人撒娇、拜托他人帮忙。

这位母亲就连对自己的丈夫也很少表现出撒娇、想要被宠爱的样子。而在听了我的建议后，听说她后来尝试着对丈夫说："这件事情我搞不定，希望你和我一起想想办法。"于是她的丈夫就很高兴地来帮助她。

而且，自从她转变想法，开始觉得"想哭的时候就哭""偶尔跟人撒娇也挺好的"，即使孩子会哭闹撒娇，她也能情绪稳定地对待孩子了。

从此，她的孩子动不动就哭的问题，发生得也越来越少。

像上面这位母亲的例子一样，如果你对孩子的某个举动反应过度，感到焦躁不安，不妨检查一下，是不是自己在压抑着采取同样举动的念头，禁止自己这样做。如此一来，你就会了解自己内心深处在想什么。

你的孩子采取会让你感到不安的举动，其实是在向你传递爱的信息："妈妈，您要注意啦。如果想要比现在更开心幸福，可以像我这样做哦。"

　　即使会惹父母生气，被父母认为不省心的孩子，也会为了让父母变得更幸福，身体力行，传递这么重要的信息呢。

案例 ❷
完美主义的母亲

我遇到过一位母亲，她正在为自己女儿的事情而烦恼。她女儿一直不愿意参加游泳考级测试，最近连游泳课都不想去上了。

我问这位母亲："现在你自己有在什么事情上遇到困难吗？"

想了一会儿之后，她说："我最近好像很讨厌写培训班的作业……"

说到这件事的时候，我发现这位母亲有一个执念：任何事情一定要完美完成。大概是这个原因，她才会觉得写作业很痛苦。

既然要做，就必须全部完美地完成——这样的想法，一直使这位母亲很苦恼。

做不到的事情，绝不会去做。也就是说，这位母亲一直奉行的是一种极端完美主义："要么不做，要做就做到最好！"于是才会选择不做作业。

我给这位母亲提出了以下建议，希望她能这样告诉自己。

因为追求完美，所以才会痛苦。
事事都要追求完美，自己也会变得痛苦。
不用勉强自己。
从力所能及的事情开始，一步一步朝前走，这样的态度很重要。

通过这个练习，这位母亲终于意识到了，一直不愿意去参加游泳考级测试的孩子，其实就是追求完美主义的自己的样子。

于是，我让这位母亲对自己的女儿去说以下这段话。

"比起你是否能考级成功，妈妈认为你能为了考试合格而拼命努力的态度才更重要。即使你考级没成功，只要是付出了百分之一百的努力，在我这里就是 100 分。从力所能及的事情开始做就行啦。"

听说女儿听完母亲说的话，就放下心来，开始努力练习游泳了。

像这样，在父母眼里，乍一看觉得是孩子做了困扰大人的举动，实际上孩子是在向我们这些做父母的传递重要的信息。关于这一点，我在平常接触过的许多父母身上，也切实感受到了。

案例 ③
太过拼命的职场妈妈

　　以下是一位身为职场女性的母亲向我咨询的事情。

　　她的在上小学的孩子对她说不想去上学了，开始不愿意去学校。而且孩子脸上的笑容越来越少，口头禅变成了"我好累啊"。孩子也不愿意去上培训课，天天把自己关在房间里。

　　见到自己的孩子这副模样，母亲心里很不好受。她说她会对孩子严厉地说以下这些话。

　　"你给我懂点事儿！"

"别这么吊儿郎当的！"

"你要振作起来，多努力努力啊。"

基于推测而非武断，我向这位母亲提出了一个问题："您是不是觉得自己工作挺辛苦的？"

听我这么一问，这位母亲回答："没有的事。我每天都很开心。"

但是，在我与她的短暂交流中，我从她的言行里发觉，她其实是在逞强。

当这位母亲也发现了一直以来都封闭着的真正想法时，脸部表情发生了翻天覆地的变化，开始一边流着泪一边和我说真心话：

"实际上，我非常想得到别人的认可，所以平时拼命工作。我还发现，其实自己非常没有自信，总觉得必须获得周围人的肯定。我就是一直抱着这种强迫自己的观念在工作。"

这位母亲可能认为工作顺心，业绩不错，对自己目前的状态很满意。但是，如果母亲是处于真正意义上的自我良好状态，孩子的状态也应该是良好的。

这位母亲终于承认，其实自己内心是想停下来好好休息的。也就是说，那个不愿意去上学、天天待在家里的孩子，就是映照母亲真实想法的影子。

这位母亲之前还一直认为："休息就是偷懒，是不好的。"

休息并不是坏事，有时候为了使自己的身心得到休整，偶尔休息是必要的。于是，我向这位母亲建议，要重新认识这一点，偶尔慰劳自己："你做得很棒！"允许自己休息一下。

从那以后，她在工作上不再勉强自己，减少了工作量，也不再为了获得周围人的好评而拼命努力了，而是为了自己，发自内心地享受工作。

随后，她的孩子也慢慢恢复到原来有活力的状态，开始去学校上课了。

孩子在日常生活中经常会以身心状态产生变化的方式，向父母发出信号。

如果父母能够接收到信号，意识到自身一直以来自我压抑的想法，那么孩子也会有所改变。

案例 ❹
因为孩子一到托儿所
就大哭而困扰不已的母亲

在育儿讲座上，有一位母亲也是职场女性，姑且叫她 D 女士吧。D 女士对我说："我家孩子上托儿所已经挺久了，但她现在还是不习惯，每天早上上学前都要哭闹一阵，我真是心疼。"

另一位母亲 E 女士同为职场女性，她听完 D 女士的话说："我家孩子每次去上托儿所都笑嘻嘻的，还会主动和我告别，说'妈妈走好'，然后立马就去和其他小朋友玩。孩子这样，我也一身轻，可以充满干劲地出去工作。"

D 女士听完，接着说："我总是会担心孩子……工作的时候也会想，孩子在托儿所好不好，和其他小朋友相处得还好吗？总会下意识地过度担心。"

也就是说，D 女士的孩子每天早上哭闹着不想离开母亲，实际上映照出的是 D 女士不安的内心——她担心孩子，想要一直和孩子在一起。

参加讲座的其他听众，听完 D 女士和 E 女士的经验分享，也为母子连心的紧密程度感到吃惊和感动。

那次讲座之后，D 女士不再过度担心去上托儿所的孩子了，开始想象孩子在托儿所里愉快玩耍的样子。

就算偶尔还是会出现担心、不安的念头，她也会告诉自己："托儿所里有老师在呢，她们会照顾好孩子的，没事。"然后继续集中精神工作，过好当下。

而且 D 女士每晚在孩子睡觉前，都会对孩子说："小 K 和妈妈会一直在一起哦。哪怕暂时分开了，我们的心还是连在一起的。放心哦，妈妈最喜欢你了。谢谢你能顺利出生，成为妈妈的孩子。"

于是，发生了不可思议的事情。孩子哭闹的次数越来越少。

像 D 女士的孩子一样，所有孩子都能敏锐地察觉到父母的心思。孩子是无意间察觉的，那是一种肉眼看不到的能力？你可能会觉得这很不可思议。来听我讲座的听众中，有数不清的母亲向我表示过，如果她们的想法和心理状态发生变化，孩子也会跟着发生变化。

以上所举事例，说到底都是个人阐述的个案。每个家庭的状况、背景不同，母亲也会有各种各样的心理状态。因此，我只是作为相关专家，一边听取这些个人经历，一边给她们做心理分析，然后再针对个人进行建议而已。

勇气专栏 ❻

讲座上母亲们的心声

● **当我表扬儿子的优点，让他想到自己表现好的一面时，儿子身上发生了变化**

我很关心孩子，总是忍不住对上小学六年级的儿子唠叨："作业做了吗？""快去学习！""快整理一下！"

儿子每次都会态度很差地回应："你真啰唆啊。不要老是喊我学习学习的。我本来就在学！反正我做什么都是个没用的小孩。"

听完您的讲座之后，我才发现，原来我一直以来只会注意到儿子不好的地方，然后不断地去引导他展现出更多的缺点。

于是，我决定开始经常想象儿子笑容满面的样子，在心里小声道："一直以来老是挑你的毛病，真对不起哦。明明你身上有那么多优点，妈妈却没有看到。"

"你每天按时去上学，辛苦啦。你能一直健健康康的，妈妈也很感谢你这么乖。"

"你身上有一股坚持不懈的精神。将来一定能成功！"

……

之后，不可思议的事发生了。儿子经常主动和我说："我去学习咯。"然后就跑进自己房间去了。如果在以前，不提醒他，他就会无休无止地打游戏、看电视。而现在，我打开房门一看，他总是在认真学习。

不光是学习方面，儿子也会主动帮我做家务，甚至帮我照顾弟弟。他的身上发生了许多变化。

我想，一定是因为我在儿子心目中的形象发生了改变。通过这次经历，我深切地感受到母子连心有多强大。

● 女儿身上映照出了我童年时代的心理

我小时候是一个很听妈妈话的小孩，成绩优良，非常顺从大人。

但是，小时候的我过得非常痛苦。因为其实我非常想任性一把，向父母撒娇。可是我是家里的大女儿，母亲因为要照顾妹妹们，每天都很忙。所以我觉得自己应该懂事，认为如果不听父母的话，就不会被父母关爱，只要样样都听父母的，他们就会爱我。

最近让我觉得焦躁不安的是我5岁女儿的态度。她现在不听话，态度也很恶劣。

但是，听完老师的讲座之后，我终于明白了。女儿的举动，正是我小时候想干却干不了的。

其实我小时候真正的想法是，不想总是听父母的话，按照他们说的去做。我发现，这份没有在内心深处得到消化的执念，如今我女儿做出来给我看了。一想到这儿，比起向女儿发脾气，我反而很感谢她。

仔细想想，现在我也总是会表现出讨好他人的样子。因为想要别人觉得自己是个好人，所以总是勉强自己。我想，我的女儿是在通过行动向我传递这样的信号：

"不愿意的时候就说不愿意。"

"要注意到自己正在忍耐着哦。"

孩子的成长
如你所愿

至此，关于父母内心真正的想法映照在孩子身上的例子，我们看到了不少。

也就是说，父母希望孩子变成什么样，如果在心里真诚地这么想，孩子就会真的变成你希望的样子。

我曾在电视上看到有位嘉宾说过，他总是会对自己的孩子说："你拥有无限的潜能。"我觉得这句话非常棒。

如果在孩子小时候，父母就经常说这样鼓励的话，孩子会变得非常勇敢。而且这份鼓励的力量，会在无意识中不断变强。于是，孩子自然就会认为自己身上确实是有无限潜能的。

以后孩子即便遭遇困难，也能相信自己："我一定可以克服困难。因为我身上有无限的潜能，一定没事的！"然后去拼尽全力。

相反，如果父母的想法是"我这个孩子靠不住。没我在，他什么都做不了"，而且把这种想法灌输给孩子，那么你的孩子很有可能真的会变得没用。

举个例子，如果父母认为"我这个孩子身体很弱，所以我一直很担心，以后肯定还会生病"。那么孩子就很有可能真的总是在生病。

父母哪怕不把话说出口，只是在心里想想，也会传递到孩子那里。孩子的成长，其实不会按父母嘴上说什么，而是按父母所想的发生变化。

不是因为孩子不靠谱，所以父母才觉得自己的孩子不靠谱，而是因为父母觉得自己的孩子不靠谱，眼前的孩子才会变得不靠谱。"先有想象，后有结果"。

即使眼前的孩子还不怎么靠得住，父母也要坚信："虽然这孩子现在还不怎么成事，但将来一定会越来越能干。"以这样的态度对待孩子，是非常重要的。

即便父母口头上说："现在做不了也没关系。以后慢慢能学会哦。"而心里却在担心："真的没关系吗？会不会不行啊？"那么这种想法实际上就会真实地反映在孩子身上。

孩子是父母的镜子，映照出父母的内心。孩子就是如此深爱着自己的父母，和父母心连心。

当我和来听讲座的家长们讲了这个道理之后，有的家长感到身上的责任和压力一下子变得沉重了，担心："啊？那我该怎么办？"我想和各位家长说，请放心吧。父母的内心有所变化之后，孩子也会跟着发生改变。也就是说，通过让自己变得开心，孩子也能变得开心。我在工作中亲眼见到过各种案例，因此十分确信这一点。

如果父母心里觉得孩子不行

如果父母心里觉得孩子能行

勇气专栏 ❼

对教养的印象

　　以前，在我举办的一次育儿讲座中，曾要求参与者以"育儿是什么"为题写一篇文章。

　　某位母亲写"育儿是桩乐事"。那位母亲认为，每天照顾孩子是十分开心的事，生活中没有特别大的烦心事。

　　而有位母亲写"育儿是桩苦差事"。那位母亲有几个孩子，每天孩子们互相打闹，让她头疼不已。所以她总是说照顾孩子是十分辛苦的事。

像这样，你自己内心所想的，会反映在现实中。

当我让那位写"育儿是桩苦差事"的母亲改写"育儿是桩乐事"后，她说她突然感觉育儿似乎真的变得快乐起来了。

就算没有什么根据也没关系。只要尝试重新写下自己对于育儿的想法，那么你的现实生活就会逐步靠近你心里所想的。

第五章

用勇气的能量
填满妈妈的心

在本章中，

我会讲到母亲给予自身勇气、调整心态的方法。

重视自己，

就是重视家人。

请各位让自己充满勇气，

然后使育儿变成一桩乐事吧。

勇气的接力棒，
从妈妈开始传递

　　妈妈的心理状态会影响孩子。也就是说，每天都要照顾孩子的妈妈，调整好心态是很重要的。

　　在我办过的讲座上，我会问在场的妈妈们一个问题："最近你们有没有自我表扬过？对自己给予哪方面的勇气了？"然后让她们每五至六人为一组，互相分享经验。

　　在这个活动中，我听到许多妈妈是这样说的："啊？我从没想过自我表扬啊！""我也没空想这些。"

能够给予他人勇气的力量

自己勇气太少，无法给予他人

如果母亲自己没什么勇气，
也就无法给予他人勇气

　　至今为止，我和非常多的母亲接触了解下来，认识到了一件事。

　　那就是如果母亲自己不重视自己，也就无法重视丈夫和孩子。

　　一旦母亲的心灵闪闪发光，她也就会开始重视起丈夫和孩子来。

　　如果母亲的内心没有注入多少勇气，那么也就无法给予家人勇气。

以下内容是我总结的给予自己勇气和调整心态的方法，所有人都可以很容易地实施。请各位家长亲身实践这些方法。想要使育儿变得更开心，首先要给自己的内心填满勇气的力量哦！

重视自我的人，才能够真正地关心别人。

偶尔停下脚步，了解自己的心理状态

各位家长可以在平时生活中，时不时地停下来自问一下："现在我是怎么想的？感受到了什么？心情如何？心里真正想做的是什么？"以此了解现阶段的心态。

一个人能够感受自己的内心，就能够重视自己。如果一个人重视自己，那么也就能重视家人和周围的人。

举个例子，如果杯子里的水进了泥土而变得混浊，那么无论你再倒进去多少干净的水，水杯里的水也不会变透明。只要没把杯子中已经脏了的水倒掉，那么杯子里永远不会再有干净的水。

同样的，如果你心里感到非常愤怒、悲伤或者后悔，那么无论你从外界学到什么，哪怕求得一时的安慰，你内心的那杯水依然混浊。

心灵和身体一样，促进循环很重要。

我经常遇到这样的父母：认为只要怀着感恩的心，就一定会发生好事；只要多说一些正向的话，家里一定会一片祥和……有时候的确是这样。

但是，如果你心里别扭、没有感谢之意，却在表面上勉强自己去表达感谢，情况会如何呢？

明明你心里很烦躁，不想说什么谢谢，却在嘴上一直和人道谢，那么情况又会如何呢？

明明心里很难过，嘴上却逞强着，说些积极正面的话，又会怎样呢？

作为父母，虽然想给予孩子勇气，自己却没有这份心情。尽管如此，你还是假装去和孩子说些给予他们勇气的话。

如果遇到以上这些情况，会发生什么呢？

这就像是你心中的水杯里明明是泥水，却不先做净化，而是用蛮力将泥水往下压。这样，只有水杯上半部分看上去干净而已。

这么一来，你心中的水杯下方会堆积越来越多的负面情绪。

所以我建议，先把心中堆积的无用情绪，时不时清空一下。

有许多方法可以利用起来。其中一个方法，就是不压抑自己的感情，表达出自己的所思所感。

自己现在想的是什么？有怎样的感受？请你不要给内心的水杯盖上盖子，去真实地感受吧。然后将这些真实的想法、感情，看作是自己重要的好朋友，认可它们的存在。

原来你是这么想的呀。

原来你会这么觉得呀。

谢谢你告诉我。

没关系。无论什么时候，我都是你的伙伴哦。

像这样试着给予自己勇气，或许内心就会产生一些改变。

无论是谁，只要生在这个世界上，总会有产生负面情绪的时候。

我觉得不应该无视自己真实的情绪，硬逼着自己积极地向前看。

不要勉强自己去说一些正面的话。

想哭的时候就哭，想发脾气就发脾气。

坦诚地表达自己的情感，这是很重要的哦。坦率地直面消极情绪，正是重视自我的表现。

你也可以把心情写在纸上。有的人和别人倾诉一下也能缓解。

为了孩子一展笑颜，也为了这世上你最好的朋友——你自己，请定期给自己的心排一排毒哦。

如果你总是在对孩子发脾气

我曾经接到过这样一个咨询。

一位母亲和我说："我其实心里是想多夸夸孩子和丈夫的，但总是不自觉地指出他们做得不好的地方。"

"我觉得烦心的时候，总是忍不住对孩子发火。"

关注别人好的地方和关注别人不好的地方，到底有什么区别呢？

如果你总是盯着孩子和丈夫不好的地方去批评，也许正好证明了你内心的不安。

要是一个人心里觉得不踏实，就会自责。批评别人缺点的行为，其实就是在批评自己。

我认为世界上没有一位家长是完全不担心孩子、不对孩子发脾气、不责备孩子的。因此，哪怕你偶尔会对自己的孩子发脾气，也请告诉自己，你并不是特例。接下来，请转变想法：现在的你，只是偶尔少了一些勇气罢了。

自己的内心本来就没有多少勇气的力量，还要给予孩子勇气，这就强人所难了。因此，首先请父母们保养好自己的身心。

每天的睡眠充足吗？

有自己独处的时间吗？

有空闲参加转换心情的活动吗？

是不是把理想定得太高，要求自己任何事都要完美？

有没有勉强自己做什么事，或者强迫自己必须做什么？

当你对孩子当头棒喝的时候，其实是你自己的身心发出了警告。

　　无论是谁，都有身心好或不好的时候，请大家不要自责，需要休养的时候还是要去休养，好好珍惜自己哦！

爱已经存在

我最想对母亲们传达的是，各位母亲，你们每天辛苦了！

你们有时会对孩子发脾气，或是有其他什么育儿上的烦恼，都是因为你们对孩子深深的爱。

当我和来听我讲座的各位母亲待在一起时，她们对于孩子满溢的爱，我能从她们的讲话和表情中看出来。

有的母亲对孩子发完脾气，然后又后悔了，一边看着孩子睡觉的样子，一边自我反省。这是一种母爱。

因为担心孩子，忍不住想要干涉，这也是一种母爱。

想要让孩子开心一点儿，带孩子出门玩，但是孩子动作慢吞吞还要性子，让母亲感到烦心。最后没了玩儿的心情回到家，但是母亲并没有惩罚孩子，而是又想着下次再带孩子去哪里玩，这也是母爱的表现。

从生下孩子那一天开始，母亲几乎没有自己的假期，每天都要照顾孩子。既要完成堆积如山的家务，又要把孩子始终放在第一位来考虑。光是这样做，母爱已然满满。

我希望各位母亲不要拿自己和其他母亲做比较，觉得哪里不如别人，就感到心情低落、失去自信。也请不要擅自树立一个所谓理想母亲的形象，==认为自己这个不行、那个不行，给自己减分。==

作为母亲，应该烦恼的是"明天的自己要比今天更好"！无所谓的事情，就不要过度为之烦恼，因为你已经提供了足够的爱。

不是说女性生了孩子就立马能胜任母亲这一角色的。每天与孩子生活在一块儿，一个女人才会慢慢成为母亲。

所以，如果孩子是一岁，那么当母亲的年龄也是一岁。孩子十岁，母亲这个角色的年龄才上小学四年级！

所以，即使你现在有做不好的事，也没有关系，母子一同慢慢进步就行了。

没有完美的母亲

请试着想象一下。

有一位什么都会的母亲，她做什么事情都很完美。无论何时，她都一丝不苟，是家务能手，做菜手艺也非常棒，还会做针线活，照顾孩子也井井有条。这些就是"家务"。

还有一位母亲，性格开朗，很少发脾气，温柔体贴。她总是能对孩子的情绪表现出共鸣。即使自己很累，身体不舒服，脸上还是挂着笑容，不忘给予孩子勇气。

你能一直保持笑容吗？（不可能）

你能一直与孩子的情绪保持共鸣吗？（做不到）

忙碌而没有空闲的时候也好，劳累的时候也好，我也会感到烦躁。事事完美的理想母亲在这世上是不存在的。这与人无完人是一个道理。

而且，如果我是小孩子，身边有一位完美无缺的母亲，我会感到窒息。我会拿母亲和自己做比较，然后我可能会产生自卑感，心想："我妈妈这么棒，和她一比，我一无是处。"

不过，这只是我个人的想法哦。

我在接受许多母亲咨询的过程中，会遇到有的母亲对我说："我想成为一名好妈妈。"但是，当我进一步询问她们："那么你认为的'好妈妈'是什么样的妈妈呢？"她们的回答基本上就和我上面说的那种理想母亲的标准差不多。

我小时候也会希望自己的母亲"要是能……就好了"，心里会有一个理想母亲的形象。

孩子越是去想："妈妈没有给我……"越是会责怪自己的

母亲，然后心里理想母亲的标准越来越高。而且自己还会列出一些"妈妈就应该符合……条件"的项目。这样的孩子已经在心里形成了一个标准。

受制于自我设定的规则，当发现理想和现实之间的差距时，孩子就会感到痛苦。

母亲为孩子所做的事情，对孩子到底是好还是不好，要等孩子长大之后，他才会明白。甚至有的孩子长大之后也不一定能够了解。

的确，孩子会受到来自父母和环境的影响，但是今后孩子该如何独立生活，以什么样的方式生活，如何形成自己的性格，这些都是孩子自主选择的。即使是同一对父母养育的孩子，也会各有不同。

无论你是怎样育儿的，育儿这件事是没有所谓的正确答案的，所以不去苛求正解，这一点十分关键。

哪怕你一整天感到心烦气躁，自我厌恶到不行，我还是建议你回到家，要紧紧拥抱一下孩子（如果家里的孩子正处于青春期，可以和孩子握握手，拍拍孩子肩膀），和孩子说一句："今天辛苦了。"

当妈妈这件事，有时候像在表演单口相声一样，也没什么不好。

还请各位母亲彻底放松身心，然后再去育儿哦。

无须过度拼命

曾经有一位母亲对我说："我总感觉重视自己这件事，就好像是对自己要求太宽松一样……"

会产生这种"是不是对自己太好了"的想法，其根源思想是认为自己必须努力才行。努力不是坏事，但是过分努力，苦的是自己。

孩子为了迎合父母的期望，努力学习，然后获得表扬。父母高兴地夸赞道："真是好孩子。"于是孩子明白了，只要努力学习之后考出好成绩，就会被父母表扬。克服缺点，努力改善，就能受到别人的赞美。

像这样，通过"努力"得到父母的关注，然后被父母表扬，孩子才会感觉到被爱。也就是说，这样的孩子认为：

如果我没有被父母表扬，意味着没有被父母所爱。

=

如果我不努力，就意味着没有被父母所爱。

=

我不能做我自己。

孩子在心里自动组成了这样的方程式，所以平时才会一刻不放松，觉得自己事事须努力。

这样的孩子就算长大了，也许心中依然有一个"母亲"存在，无意识地想要努力获得认可。

不可以做真实的自己，不可以不努力——一旦有这样的想法，就无法重视自我。所谓重视自己，是指认可本真的自我。有勇气的人，拥有不努力也依然强大的力量。

不用马上进行彻底的改变。只要慢慢地、一步一步地做出改变，我认为就可以了。

对你而言，"幸福"是什么

既然做父母的都希望自己的孩子幸福，那么父母自己需要能够说明什么是幸福。因为一个人无法将自己都不理解的观念传达给他人。

对于你来说，幸福是什么呢？用语言表达或者描绘画面都可以。此时，你的脑海中浮现出什么？一句话、一篇文章或者一幅画都行。这个问题是没有正确答案的。请大家自由地表达出来吧。

　　在我看来，所谓幸福，就是在每天理所当然的日常生活中，也能发现动人之处。

　　例如，你觉得和孩子一起眺望的天空非常美丽而感动，一家人一边开心地聊天一边吃饭也觉得很幸福，或者看到从前还是小宝宝的孩子，如今已经长成大孩子了，觉得自己有了成就感……

　　想要捕捉眼前那些数不尽的小确幸，需要有一颗从容的心。

　　想要使内心更为从容，首先是让自己的内心变得更有活力。请各位按照以下项目中所举出的例子尝试一下，为打造一颗有活力的、能感受到幸福的心而做好准备。

让心灵充满朝气

　　去年定期举办的讲座活动中，有一个叫作"铂金妈妈沙龙"。活动举办地位于青山的一家酒店。讲座上，大家可以一边喝茶、吃点心，一边学习心理学知识。

　　在这个活动中，我们为每天忙于照顾孩子和做家务的母亲们提供了休憩的时间，受到了她们的好评。她们表示在这里度过了一段悠闲的时光。

　　活动中，我会让母亲写下她们重视自己的方式，以及使自己的内心充满活力的方法是什么，然后和参会同伴分享。现场的讨论热火朝天。

平心静气、保持冷静、给予自己勇气、变得开心幸福、放下烦心事、期待未来、保持快乐……请大家多做一些使自己内心充满活力的事情哦。

下面的内容，是过去听过我讲座的家长们和我自己写下的一些方法，供各位参考。

● 留出独处的时间

每天都为家务活、工作和照顾孩子而忙忙碌碌，即便一天只能抽出 10 分钟，也要留出独处的时间。这样就能给自己的心灵按摩一下哦。

将孩子安排上床睡觉之后，这一天之中的收尾时间，可以回顾一整天的情况，回想一下觉得开心的事情，或者读一读自己喜欢的杂志，给自己涂点香膏按按摩……留出空闲，放松身心。

● 坚持写日记

准备一本自己喜欢的笔记本，点缀上让自己感到开心、满意的装饰。然后把想做的事情在笔记本上写一个清单（数量无限制，可以先写 50 条），或者把想要的东西也列个清单，也可以制作杂志剪贴画，时不时翻一翻；或者将在书上或杂志上看到的金句写下来，也可以写下夸赞自己的话或者做的梦……像这样，将每天自己感到开心幸福的事情，都写在这本笔记本上。

一打开就会心动的本子，我也有一本呢。

我在自己的笔记本上会写自己的梦想、对家人感谢的话语，或者写一下照顾孩子的日常生活记录，还会贴上在杂志上看到的美丽花朵和风景照，以及今后想去的地方、想要的东西的照片，或者在书上看到的一句特别棒的话。总之，我一打开这个本子，就会开心不已。有时候，我还会让孩子在本子上画些插图。

● 在房间里摆上鲜花做装饰

房间里摆上一束漂亮的鲜花，心情就会跟着愉悦起来，对孩子的教育也有帮助。比如，这样会让孩子们对花产生兴趣，或者可以让孩子负责给花瓶换水、照料鲜花，随时和父母汇报成果。

据说，有一位母亲在参加完我的讲座回家的路上，一定会给自己买鲜花。她会让店家做一下礼物包装，这样就感觉是送给自己的。这位母亲说起这件事的时候笑眯眯的，表示像这样重视自己的举动，会让她心情很好。

● **在漂亮的咖啡店喝喝咖啡**

有时候，可以找同为母亲的朋友喝个咖啡、聚个餐，但是有时候也想拥有一个人悠闲度日的时光吧？舒服的独处时间，能让人面对自己的内心，这非常重要。可能你会有一段时间觉得过得特别难，但只要偶尔到一个和平常完全不同的环境中喝喝咖啡，光是这样，也能放松身心。

某位母亲对我说，她会定期去高级饭店里喝咖啡。她跟我解释，她在那里享受到一流的服务，有一种被他人重视的感觉。像这样，选择在特别高档的环境中放松一下，发觉自己的内心变得从容，和孩子相处也变得心平气和的听众，我遇到过不少。

● **整理房间**

心理状态与房间状态是有关联的。如果你的房间一直是乱七八糟的，那么说明你的内心也是一团糟。

那就让我们把一天之中待的时间最久的客厅整理得漂亮些吧。想要调整内心状态，如果一并打扫整理好房间，效果倍增哦。

通过对自己日常所处的房间进行整理，你的内心也会得到调节，日子也就会过得越来越舒心。许多父母会在感到焦躁不安的时候打扫卫生，因为这样心情会变得很畅快。

● 回忆一下自己曾被给予勇气的经历

请回想一下自己小的时候，被父母抱在怀里的幸福感吧。也可以回忆一下以前有谁给予过你勇气，或者被他人温柔以待而振作起来的经历。你只要一想起这些记忆，就会觉得充满干劲。

例如，小时候一次被父母表扬的经历，无精打采的时候受到朋友们的鼓励，或者全家人出去旅行的开心往事，能让你振奋的某个电影画面，这些都可以。也许翻看一下集结了快乐回忆的相册也不错。

● 翻看孩子婴儿时期的相册

我还建议你翻看你的孩子婴儿时期的照片。一边翻阅，一边怀念起往事——每隔2小时给宝宝喂奶，无数次换尿布，一整天都要抱着孩子，带宝宝坐婴儿车出门散步，因为孩子第一次能自己坐起来而开心不已，孩子第一次会走……

"原来我和孩子是一同成长起来的。"像这样悠然地翻着相册，在心中对自己、对孩子默默说一些给予勇气的话吧。

● 专注投入于自己喜欢的事情

沉浸于自己喜欢的事情当中，能让人恢复活力哦！你有没有着迷、喜欢的事情，或是会让你激动不已的活动呢？如果现

做一些让自己充满干劲的事情，
重视自己的情绪！

在还没有，建议可以开始找一找自己的热情所在哦！

有的人照料花儿的时候最开心，有的人喜欢编织，有的人爱弹钢琴，还有的人喜欢看漫画、做菜……一个人能拥有令自己恢复活力的兴趣爱好，真好呀！

也有的母亲和我说，她平时没有空，也不知道自己的兴趣爱好是什么。对于这样的母亲，我建议可以试着回想一下小时候喜欢什么。一般来说，孩童时期喜欢过的活动，长大成人后也会乐在其中。

作为父母，也许现在正忙于给孩子的庭院浇水，但我请父母们也别忘记给自己的庭院浇浇水，润泽一下哦。

自己得到了滋润，相当于给予了自己勇气，也就等于是给孩子和丈夫以勇气。所以，请各位母亲，首先从"我"做起。

夫妻互相给予勇气

请问各位母亲，你们经常与自己的丈夫交流吗？

现实中我听到的情况经常是这样的：妻子每天忙于照顾孩子，而忙于工作的丈夫又很晚才回家。

前几天，有一位正处于哺乳期的母亲向我咨询。她的丈夫都是在她和孩子上床睡觉之后才回到家，早上出门也很早。有时候她发现，夫妻之间连着好几天都没说过一句话。这样的生活真是令人透不过气啊。

只要抽出少许时间，随便聊两句也好，就能让人感到轻松不少。我经常听到一些母亲表示，因为孩子尚年幼，家里基本上都围着孩子转，因此，很难有夫妇俩独处的时间。

而且，有的妻子对自己的丈夫说不了心里话，还有的妻子本身就不亲近丈夫。她们担心，和丈夫交流的时候，万一因为说了那些话而被否定、被讨厌，她们不希望被丈夫嫌弃。

但是，也许正是因为担心被丈夫否定，才会真的发生这样的事吧。正是因为你心里想的是："反正这个人也不会理解我。"所以丈夫可能就真的不理解妻子吧。

本书中，我已经告诉过大家使家庭成为安心基地的重要性了。如果母亲对自己的丈夫都不敢袒露真心，那么孩子很有可能会像母亲一样，无法将内心真实的想法传达给他人。因此我建议，为了使家庭中所有的成员都能互相表达真实想法，首先从母亲开始行动起来。

比如，母亲可以对丈夫说："我最近干家务活和照顾孩子非常累。你要是会晚回家，给我来个电话吧。要是能早回家，帮我干点儿家务活就更好了。"

这种"我是这样想的，你的想法如何"的交流方式，不仅不会伤害对方，而且如果孩子看到大人之间是这样的说话方式，那么孩子也会学习这种交流模式。

孩子总有一天会离家独立生活。等到孩子出去了，留在家中的只有夫妻二人。如果从孩子还小的时候，就开始重视夫妻之间的交流，那该是件多棒的事啊！

请母亲们不仅是对孩子，也给予自己的丈夫勇气吧。他人就是你的镜子，你向对方说谢谢，对方也会还你一句谢谢。请母亲们从自身开始行动起来。

给职场妈妈——
关于兼顾
育儿与工作

　　我还没结婚的时候，就对于在不久的将来结婚生子后，是否还能继续从事教师工作，兼顾工作和育儿而感到不安。

　　我心想，一定得问问前辈的意见，于是我找到当时50多岁、身为两个孩子母亲的前辈询问了许多问题。前辈对我说了以下一番话。

　　我呢，非常喜欢小学老师的工作。

我走上这条路已经 30 年了，虽然有过不少辛苦的经历，但是每天都有我最喜爱的孩子们围绕在身边，我感到十分幸福。

　　虽然做了母亲之后要照顾孩子，但我不想以这个为借口放弃工作。

　　育儿也好，工作也好，一路我都全力以赴。

　　女儿还很小的时候，我就把她带到了工作的小学里。

　　放暑假时，我会带女儿去参观一个又一个校舍。

　　这里是老师办公室，那里是妈妈带的班级，还有体育馆、走廊、鞋柜……

　　我还会和女儿详细地解释妈妈在这里做的是什么样的工作。即使她那阵子刚学会走路，我也把她当作一个大人。

　　只要一有机会，我就会尽可能地让女儿见一见我工作时的样子。

　　等到我怀了第二个孩子，有一次带着大女儿一起去医院做产检，发生了这样一件事。

　　当时因为我妊娠反应严重，在做完产检等待缴费的时候，我突然无法从椅子上站起来了。

　　接着突然发现，大女儿不见了。

　　我正纳闷她到底去哪儿了，蹲在地上四处找她的身影，竟然发现她一个人跑到了缴费窗口，从我的钱包里拿出钱来准备付账。

可她那时候明明连数钱都不会数……

窗口柜台对她来说太高，她还不太够得着，所以一个劲儿地伸长脖子。

我赶紧用尽力气赶到她那里，结果她笑着对我说："妈妈，你没事吧？有我在，你肯定没事的哦。"

听完，我紧紧抱住了她。那天发生的事情，让我久久无法忘怀。

那时我想到的是，一定要为了这个孩子和肚子里的第二个孩子继续加油下去。

所以无论是工作还是育儿，我都全身心地努力！你也可以的！

你会乐在其中！

如今，我的女儿和儿子都顺利地长大成人，我真的非常感恩。

虽然女儿后来去了公司上班，但是直到现在，她还一直和我说："我想成为像妈妈一样的老师。"

听完前辈说的话，我已经感动得热泪盈眶。

那么多年下来，她身上肯定发生过不少辛苦的事情。但是，看到她一脸幸福地回忆过去的模样，我想，辛苦不一定就等同于难过。

和前辈聊完天的那天晚上，我一边走在回家的路上，一边思考了许多。

将来等到我结婚生子，我会变成什么样呢？

我想成为这样的母亲——孩子会和我说："我想变成妈妈这样！"而且，为了让我的孩子觉得"原来长大成人是这么好的事"，我会在孩子身后一直给予鼓励。

从我询问前辈老师那时候起，已过去了10年多，我真的成了母亲，开始了创业。如今，无论是育儿还是工作，我都乐在其中。

但是，我也是人。即使过得再开心，也总有觉得劳累不堪的时候。但我在孩子面前并不会勉强掩饰自己，而是呈现原本的样子。

开心的时候跳起来大喊："太开心啦！"疲惫的时候抱怨一句："好累啊！"难过的时候也会掉眼泪。

因为母亲不可能永远都是笑脸盈盈的样子啊，保持自然就行了。

如此一来，我认为孩子应该也能坦诚地表达自己的心情。

我想让我的家庭成为家人们的安心基地，一个能让孩子袒露真心、放松身心的地方。

经常有人问我："你是如何兼顾育儿和工作的？"

我会这样回答："我想，也许就是我没有刻意想要去兼顾这两方面吧。"

有时候，我和孩子待在一起的时间很少。那么，等到我能和孩子多待的时候，就会和他们尽情地玩耍。再比如，有时候我会忙到做饭只能简单应付一下。那么，等到我有空的时候，就会做些花工夫的料理。总之，我不会勉强自己，而是随遇而安。

无论有多忙，我都规定自己每天睡前和孩子待一会儿。

这是我与孩子之间的勇气教养时间。我会和女儿说说这一天我做了些什么，指出女儿在哪些事情上做得特别好，或者给她读绘本。这是一种双向交流：女儿给我讲学校里发生的令她高兴的事；而我则会讲自己工作上的事给女儿听。

时间充裕的时候，我会和孩子一同闭上眼睛，来上一段冥想。我会在孩子的耳边小声说："谢谢你每天都健健康康的。妈妈特别高兴。你刚出生的时候，身子那么小，现在长到这么大，已经会做许多事情了呢（然后举出孩子现在学会的本领，或者正在努力的事情，给予勇气）。好好睡一觉吧，消除一天的疲劳，让身体充满电。到第二天早上，就能神清气爽地醒来。今天也要感恩哦，晚安……"

孩子的情绪得到安抚满足，就能睡得安稳。

睡前的勇气教养时间是非常重要的时光。作为母亲的我，在给予孩子勇气的同时，也为自己收获了勇气。

不必成为
出色的妈妈，
要成为
幸福的妈妈

    育儿方面多有困扰、容易产生压力的人中，许多人的思考习惯是"我应该……""我必须……"

    "我必须把孩子养育得很成功。""作为母亲，应该这样做。""我不能对孩子发脾气。"像这种"我必须……"的思维，只会苦了自己。

    如果总想事事成功、完美完成，就会陷入一个螺旋式下沉的负面循环里：内心不从容→自责→批评孩子→打击孩子和你自己的勇气。

没有必要成为所谓的成功母亲。世界上不存在完美的人，同样的，也不存在什么完美母亲。请大家不要再苛求完美了。

如果转变想法，告诉自己："比起成为成功的妈妈，我的目标是成为幸福的妈妈。"肩上的担子也会轻松不少。

在我刚当上老师的那段时间，为了早日变得和自己崇拜的前辈老师一样优秀，我每天非常努力地工作。

虽然那时模仿了前辈的工作方式，但是进展不顺。前辈不仅上课很有魅力，也非常懂得如何与学生相处。我想和前辈一样与孩子们打成一片，也想更得心应手地工作，可是为什么做不到呢？我明明那么努力……

当我哭着找前辈老师吐露这些泄气话的时候，前辈对我说的一段话令我至今难忘。

"我在你这个阶段也吃过不少苦啊。每天面对那么多孩子，总是会出点差错的。但是有错就改，不断精进。孩子们也每天都能看到我这个老师的成长。所以你也一定行的！将来一定会怀念现在烦恼的日子。"

另外，她还对我说了以下这段话：

"没有人一开始就什么都会做。不可能突然一下子就能变成像我们这样当了几十年老师的资深教师。正因为你刚处于开头阶段，所以你能做的只有全力以赴。孩子们是非常敏感的，他们会全身心地感受到大人的情绪变化。"

于是，我当场下了一个决心。

那就是不用蛮力，而是以最自然的状态，做好现阶段我能做到的事情。

而且，我也不会再去在意哪里做得好，哪里又没做好了，而是每天都和快乐的孩子们待在一块儿，一起笑，一起哭，一同为某些事情而感动。

比起成为成功的老师，我决定要变成幸福的老师。

有了这一目标，我不再把关注焦点放在自身的不足上，而是专注于自己能做到的事，建立起有望达成的小目标，然后全力过好当下。

做出这一决定的一瞬间，我的心情一下子得到了放松，从此的每一天，我都过着与孩子们愉快相处的日子。

之前勉强自己要变得"更好""更厉害"的日子，过得既辛苦又不顺利，无法拥有自信。

但是，自从我开始给予自己勇气，接受自己的任何状态，肯定自己每天获得的小小进步后，我变得能够快乐地工作，人有了奔头。

我想，我一定是已经拥有了"接受不完美的自己的勇气"。

我不再执着于后悔过去、担心未来，而是专注于现在能做到的事，每天进步一点点。

每一个人都是特别的存在。
每一个人都是闪耀的星星。

如果对孩子们说以上这样的话，他们会发现，我们这些大人每个人都成了一颗闪闪发光的星星，任何人都是独特的个体。

母亲也是同样的。世上不可能有两位一模一样的母亲。我明白人都会有和别人比较的心理，但我认为这种比较没有必要。

因为每个人都是特别的存在。无论处于什么样的状态，都没问题！生气、烦躁，都无所谓。想哭的时候就哭，想发脾气的时候就发脾气好了。

我也理解许多人想成为无所不能的母亲的心态。但是，真的没有这个必要。母亲感到幸福，孩子也会感觉幸福快乐。

请大家不要忘记，在这世上，你最好的朋友就是你自己。

无论何时，都请给予自己勇气！

孩子是宝贝。养育、照顾孩子的父母也是宝贝。

这是我一直传达给大家的一句话。

后记

怀孕，生产，接着育儿，母亲几乎全年无休。

想问问各位母亲，你至今抱过多少次孩子？换过多少次尿布？做过多少顿饭？每天你为孩子所做的看似理所当然（但其实并不应该是理所当然）的事情，全都是出于"爱"。对孩子发脾气是爱，担心孩子也是爱，唯独给予孩子勇气却过度保护孩子，这不是爱。

我想，选择阅读本书的读者，想必都希望使育儿中的自己变得更加开心吧。这样的思考，我觉得已经是一种"爱"了。

我认为，育儿是一项了不起的大事业。请各位好好看看眼前的孩子。你的孩子之所以能平安地长到现在这么大，是因为从孩子还在肚子里开始到今天，你每天都把孩子放在心上，给了孩子满满的爱。

孩子将来总有一天会离开父母，出去独立生活。如果长大成人的孩子回忆起小时候和父母在一起的日子时，都是开心的回忆，作为父母，想必你也会十分高兴吧！为此，请各位父母和孩子一同享受当下吧，和孩子一同哭泣、一起欢笑。

没有必要一定得成为非常厉害的父母。保持自己原本的状态就行了。

曾经有人和我说："绫子女士，您自己的成长过程就是一帆风顺的吧？所以才会如此擅长勇气教养法，对吗？"但我想说的是，事实正相反。

我会被"勇气教养法"这一教育理念吸引，恰恰是因为我是个不擅长给予自己勇气的人。

我在青春期的时候，曾有过一段身心俱伤的时期，那段时间过得非常痛苦。虽然我考入了大学，因立志改变自己而进行了各种各样的尝试，却屡遭不顺……进入社会后，我也对自己喜欢不起来，也完全说不上有自信。

那时候，我接触到了阿德勒的心理学理论（勇气心理学）。

了解了"勇气教养法"之后，我才意识到，至今我都没有给予过自己勇气。万事的根本，在于自己如何对待自己。我终于明白了，一个人要重视自己、给予自己勇气。

后来，我就像小孩子自学骑自行车，屡次跌倒又屡次爬起来一样，重复练习"给予自己勇气"。

我刚成为老师的时候，也会拿自己和其他老师作比较，总是太在意自己做不好的事情，会自责或者陷入抑郁，妒忌别人。有时候还会悄悄躲在更衣室里哭。

"每一个人都是闪耀的星星，都有自己独特的优点。"想要向孩子传达这一点，首先最重要的，是自己本身就有这样的信念。哪怕显得笨拙也没关系，一步一步，与孩子一同成长。

于是，那时的我，每天一边给予自己勇气，一边也给予孩子们勇气。

辞掉教师工作，开始创业的时候，我也曾像无头苍蝇一样感到迷茫不安。但是，我选择了从当下力所能及的方面，一件事一件事用心地去完成，兵来将挡、水来土掩。后来在不知不觉间，越来越多的听众来参加我的讲座。

这6年间，我与许许多多的家长相遇，让我感受到的是，想要享受育儿，家长的心理状态比任何事都来得重要。如果你讨厌现在的自己，那就什么事都做不成。

不否定自身的不完美，全然接受自己。

相信原本的自己已经足够优秀，并且知道自己身上蕴藏着

无限的可能。

接下来，专注于一点一滴的进步，给予自己勇气。

　　以上几步，不光对孩子有用，我们这些大人也可以使自身发挥出原有的闪光点。

　　我认为，有 100 位家长，就可能有 100 种育儿方式。我在本书中所写的，说到底只不过是建议，因为育儿是没有标准答案的。

　　而且，即使你真的实践了勇气教养法，也有可能无法按照原本的想象顺利进行，也许不会一下子产生什么变化。但是不要紧，通过反复练习，你一定能掌握的！

　　还有一点我认为比较重要，那就是给予他人勇气并没有固定的时间点和方法。

　　无论何时何地，处于何种状况，都能进行勇气教养法。而且不仅可以使用语言，哪怕只是在对方身边默默地守护，倾听、拥抱对方，也能给予勇气。

　　对方的内心是否真的涌现出勇气的能量，这一点很重要。

　　此外，每个人也不要忘了给予自己勇气。我也有心烦意乱、意志消沉的时候，这时候我会自言自语："啊呀，算啦。"无论什么时候，都请尽量放松。凡事慢慢来，不用着急。因为无论怎样，在你的世界里，你就是你自己最好的伙伴啊！

在撰写本书的过程中，我要向尽心尽力支持我的 Mynavi 出版社的莲见纱穗女士，一直以来令我收获许多感动的讲座参与者，订阅关注我的博客和电子杂志的读者，以及支持我工作的朋友和家人们，表示由衷的感谢。

而我最想奉上诚挚谢意的人，是购买本书的你。

我的梦想是创建一个"勇气教养学校"。学校里的孩子、老师和家长互相给予勇气，帮助彼此成长。从今往后，我会继续精心地举办各种讲座、演讲活动！

我的愿望是通过勇气教养法，让所有父母和孩子的笑容越来越灿烂。

原田绫子

图书在版编目（CIP）数据

勇气教养法 /（日）原田绫子著；陈怡萍译. —杭州：浙江人民出版社，2022.8
ISBN 978-7-213-10513-5

Ⅰ. 勇… Ⅱ. ①原…②陈… Ⅲ. ①儿童教育－家庭教育 Ⅳ. ① G782

中国版本图书馆CIP数据核字（2022）第033399号

浙江省版权局
著作权合同登记章
图字：11-2021-246号

勇气教养法
YONGQI JIAOYANG FA

［日］原田绫子　著　　陈怡萍　译

出版发行	浙江人民出版社（杭州市体育场路 347 号　邮编　310006）
责任编辑	徐　婷
责任校对	杨　帆
封面设计	有态度设计工作室
电脑制版	三　喜
印　　刷	三河市中晟雅豪印务有限公司
开　　本	880 毫米 × 1230 毫米　1/32
印　　张	7.25
字　　数	125 千字
版　　次	2022 年 8 月第 1 版
印　　次	2022 年 8 月第 1 次印刷
书　　号	ISBN 978-7-213-10513-5
定　　价	45.00 元

如发现图书质量问题，可联系调换。质量投诉电话：010-82069336

在喧嚣的世界里，
坚持以匠人心态认认真真打磨每一本书，
坚持为读者提供有用、
有趣、有品位、有价值的阅读。
愿我们在阅读中相知相遇，在阅读中成长蜕变！

好读，只为优质阅读。

勇气教养法

策划出品：好读文化　　　　　特约编辑：侯季初

监　　制：姚常伟　　　　　　装帧设计：有态度设计工作室

产品经理：姜晴川　　　　　　内文制作：三喜